至・高崎駅
新町
神保原
帯刀古墳群 26
25 旭・小島古墳群
本庄
28 寅稲荷古墳
本庄早稲田
岡部
18 若泉稲荷神社古墳
鷺山古墳 16
中新里諏訪山古墳 15
丹荘
17
19 大久保山古墳群
深谷
27 木の本古墳群
籠原裏古墳群 29
青柳古墳群 14
金鑚神社古墳
20 塚本山古墳
白岩古墳群 13
児玉
21 長坂聖天塚古墳
高崎線
上越・北陸新幹線
羽黒山古墳群 22
広木大町古墳群 23
秋山古墳群 24
八高線
籠原
宮塚古墳 30
秩父鉄道
長瀞
寄居
秩父鉄道
ふかや花園
武川
ひろせ野鳥の
31 鹿島古墳群
32 黒田古墳群
上長瀞
金崎古墳群 66
東武東上線
34 塩古墳群
親鼻
小川町
44 月の輪古墳群
43 穴八幡古墳
皆野
武蔵嵐山
つきのわ
森林公園
67 皆野大塚古墳
45 稲荷塚古墳
和銅黒谷
68 飯塚招木古墳群
69 大野原古墳群
大野原
諏訪山 29 号墳 56
秩父
狐塚古墳 70
影森
58 苦林古墳群
越生
西武秩父線
高麗川
東飯能
飯能
西武池袋線

埼玉県古墳分布概略図

埼玉の古墳めぐり

謎とロマンの70基

宮川 進

さきたま出版会

古墳を楽しんでください

日本最大の大仙《だいせん》古墳や二番目の誉田山《こんだやま》古墳の含まれる百舌鳥《もず》・古市古墳群《ふるいちこふんぐん》が、令和元（二〇一九）年七月、世界遺産となりました。

古墳って何？　あんなのどこが面白いの？　…と、言われてきました。古墳も世界の人々に感動を与えられるものと認知され、その面白さを見直していただけるチャンスかとうれしく思います。

百舌鳥・古市古墳群には、大きなナゾがあります。

まずは、それぞれの古墳が誰を葬ったものなのか、それ自体、大きなナゾなのです。これらの大きな古墳の被葬者といわれてきたヒトの年代と、これまでに出土している副葬品の年代とが合致しない…など、検討が必要なことがあるのです。

もう一つの大きなナゾ。この大阪府南部の百舌鳥・古市古墳群の以前は、全国的に大きな古墳は奈良県の北部にまとまっていました。それが南大阪の方に移ってしまった…。それは、なぜかです。

あれほど大きな古墳をなぜ造ったのか。どういう工事をして造ったのか。強制的に働かせたのか。報酬は払ったのか…不思議なことばかりです。

古墳の魅力・ロマンはナゾをたくさん持っていることです。だからこそ、世界の人々に受け入れられたのではないでしょうか。世界で古墳ほどナゾの多い遺跡はないのではないでしょうか。

カギ穴形をした前方後円墳のかたちはどこから生まれたのか…。葬るだけのために造ったのか、墓参りの儀礼はなかったのか。豪華な副葬品は何のためのものか。大きな古墳は生前から造りはじめたのか。

古墳は単なる景観ではなく、ナゾのある景観です。

今回、世界遺産に選ばれたのも、世界の人たちが百舌鳥・古市古墳群のナゾの大きさに感動し、そのナゾ解きは日本人だけではなくて、全人類が解決すべきことだからとして、世界遺産に登録されたのかも…という想像もできます。

これからは、古墳を訪れる世界のヒトたちとともにナゾを解くことを楽しんでいただきたいと思います。


その前に、まずは、埼玉県下の古墳をめぐってみてください。世界遺産級のナゾは、埼玉県にいっぱいあります。そしてそのナゾにふれる楽しみをもっともっと、沢山の方に知ってほしいのです。古墳は面白い。古墳は三世紀半ばから七世紀にいたる古墳時代のヒトたちの「ナゾのかたまり」です。私たちは、ナゾを解くのは無理としても、触れるだけでも楽しいものです。

この本を手にされたのをきっかけにぜひ古墳めぐりに出かけ、その楽しみを知っていただき、古代ロマンを現地で味わっていただきますようお願いいたします。

宮川　進

令和元（二〇一九）年十月

《古墳を訪ねるときのお願い》

■遺跡の現状維持を!

古代ロマンの手掛かりをほんの少しでも壊さないよう留意してください。

■周辺への配慮を!

古墳は、ほとんどが私有地の中にあります。本来は入らせていただけないところです。外からの見学は可能ですが、立ち入ることのできない古墳もあります。古墳を守ってこられた方々、近隣の方々への敬意を忘れないようにしたいものです。

■環境への配慮を!

古墳はだいたいが少し不便なところにありますが、歩くか、バスで。車ならなるべく相乗りで、交通ルールを守って　少しでも環境にやさしい手段でお願いいたします。

埼玉の古墳めぐり　謎とロマンの70基

◉目　次◉

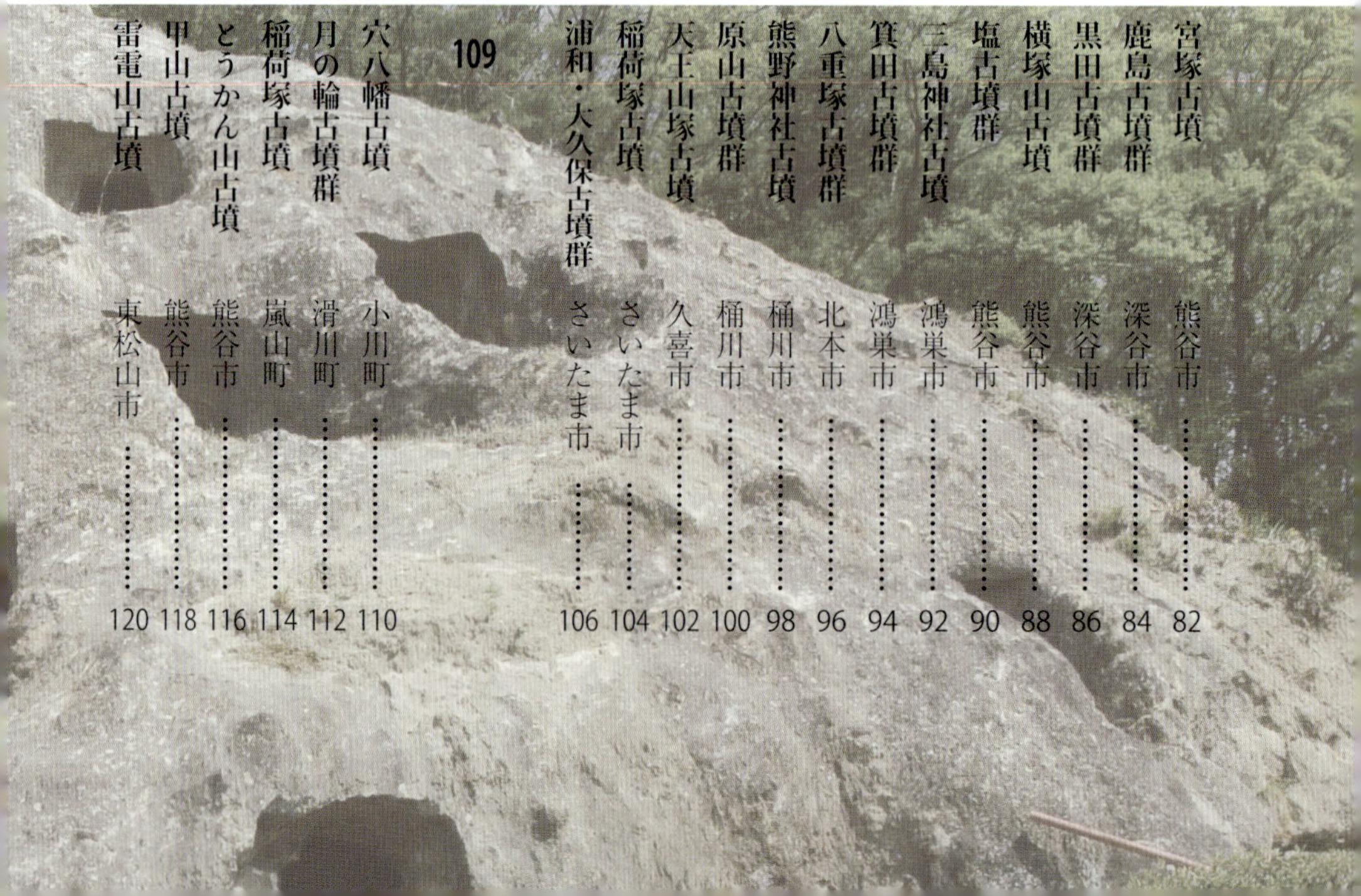

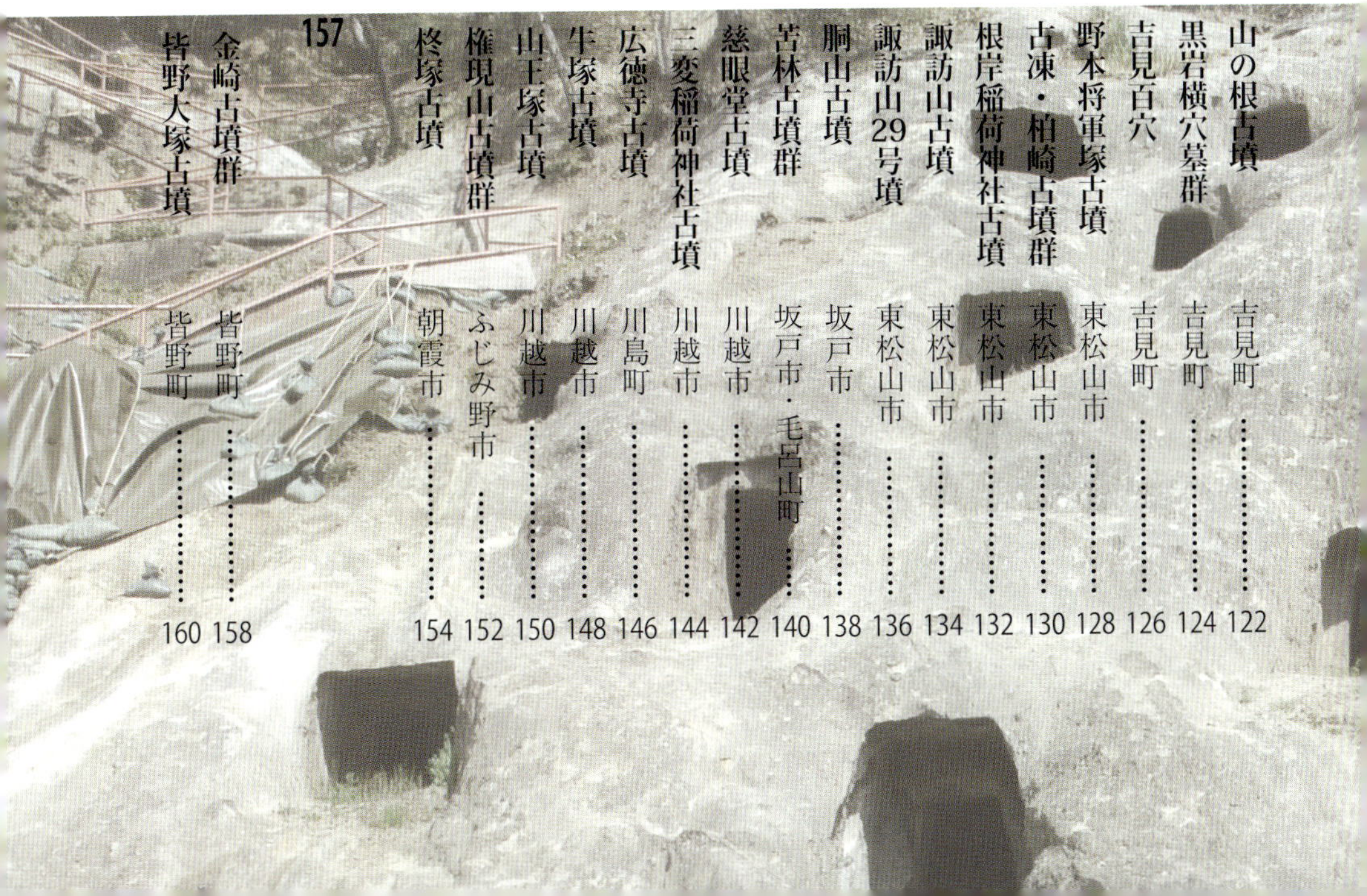

凡例

・項目番号は、全編を通じ、通し番号となっている。
・データについて
◎形状・年代については現時点における有力説を記載。
◎アクセスについては、①鉄道路線を主としてグループをつくり、その路線からの行き方を掲載。掲載してあるアクセス方法のみではない。②バスの行き先から、逆行する行き方もある。自治体運営のバス路線などで一日の運行本数が少ない場合は、下車後歩く時間が短くても、その行き方を記載していないことがある。
◎問合せ先については、バス路線等についての問合せであり、古墳などの問合せについては想定していない。
・掲載の地図については、スペースの関係で各項目毎に縮尺が異なる。
・地図上の••••••は、は古墳群のおおよその範囲をあらわす。
・本文「＊」のマークが付してある用語は、巻末の「豆辞典」に解説を掲載。

I

高崎線・行田駅などから

埼玉古墳群を中心に

1 埼玉古墳群＝さきたまこふんぐん（行田市）

ナゾが一杯！ 金錯銘鉄剣も、古墳も！

JR 高崎線・行田駅から

古代ロマンがあふれるところである。

ここ埼玉《さきたま》古墳群は、三内丸山《さんないまるやま》遺跡（青森県）、纏向《まきむく》遺跡（奈良県）、吉野ヶ里《よしのがり》遺跡（佐賀県）などに匹敵するエリアである。古代の歴史がふわふわ～と漂っているのが古代ロマンである。

百年のあいだに、この古墳群の大きな古墳が九基造られている。こんなに短い期間に、次々に造られたものは、ほかにはない。

この九基は、どういう順序で造られたのか？

九人には、どういう関係があったのか？

身分の差異があったのか……？

古墳の並び方については、次のような説がある。

古墳群には三つの主軸方位があって二つの系統があったという説。18頁の図のように、稲荷山―二子山―鉄砲山というA方位、愛宕山―奥の山―瓦塚のB方位、将軍山―中の山のC方位の三つの方位がある。そして、A方位とC方位*の古墳の被葬者が首長権を継承し、B方位の古墳はナンバー二グループと考える。稲荷山・二子山・鉄砲山が中心的な古墳であることは認めるが、古墳の眺望的位置関係（古墳が見られる位置関係）を考えるべきであるという説（関恭則・前埼玉県立歴史と民俗の博物館長）もある。

ここで古墳を造ったヒトたちは、どこからか来たのか？ 前からいたのか？

この古墳群をどういう氏族が造ったかについ

どうして「円墳」なのかが大きなナゾの丸墓山古墳

ては、畿内の氏族などではなく、在地氏族であっただろうというのが多数説である。しかし、現地に、これだけの古墳を造るだけの経済力、工事実施能力などが備わった氏族が以前からいたかどうか、疑問がある。

例えば、比企地方のように、諏訪山（四世紀末）、野本将軍塚（四世紀後半）、雷電山（五世紀初頭）など、五世紀末へたどり着く前に古墳を徐々に大きく造ってきた経過がなくて、いきなり稲荷山を造れたのかということである。

この比企勢力がこの行田へ移ってきたとする

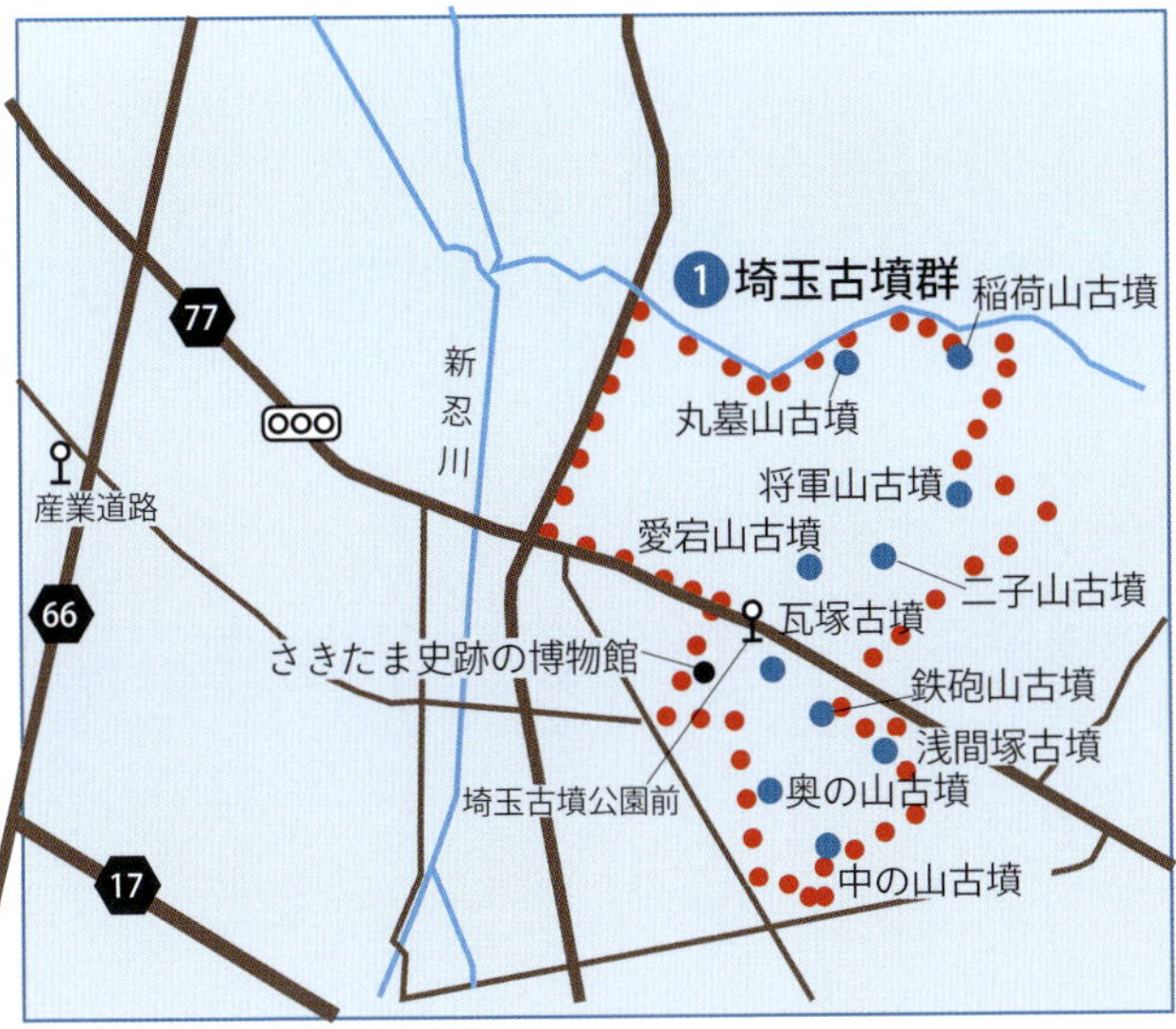

のなら、歴史がつながるのであるが…。

稲荷山古墳の本当のヌシとは?

初めに造られたのは稲荷山古墳で、墳頂には粘土槨《ねんどかく》と礫槨《れきかく》の二つの埋葬施設*があって、礫槨から出てきたのが、あの金錯銘鉄剣《きんさくめいてっけん》。そのほかに本当のヌシが葬られているというが…。

稲荷山古墳の埋葬施設は墳頂の礫槨と粘土槨の二つ。それが同じ方向を向いてなく、約一《メートル》の深さで見つかった。世紀の大発見が礫槨からの金錯銘鉄剣。発掘調査当初は横穴式石室*があると考えて古墳の側面を探したが、そのような気配が全く見られず、墳頂を掘り始めて礫槨と粘土槨が見つかった。しかし、墳頂の広さと埋葬施設の見つかった深さから考えると、これだけでは済まないはずである。この古墳の、本当のヌシがまだ、別に埋葬されているのではないか? といわれ続けてきた。

そして、それを裏付けたのが、東北大学東北アジア研究センターと県立さきたま史跡の博物館の平成二十八(二〇一六)年十一月の共同調査。

後円部のレーダー探査で地下約二・五《メートル》に、長さ四《メートル》、幅三《メートル》、厚さ最大一三《メートル》前後のレンズ状の影を確認したという。これが古墳のヌシの埋葬施設かどうか、発掘してみないと分からない。レーダー探査では、これ以上は無理か。文化庁の「保存して後世に伝える」という方針では、発掘はむずかしいだろうし…。

素人は早く掘って、真実を教えてほしいのだが、掘るべきか、掘らざるべきか。あなたは、どうお考えになりますか。

「乎獲居」とは誰か?

あの金錯銘鉄剣には「乎獲居《おわけ》」という名前がでてくるが、それは誰なのか?

銘文には、「この剣をつくったのは、おわけのおみ」と書かれている。そして、この剣を持って葬られたのが「おわけのおみ」本人なのか、「おわけのおみ」から剣をもらったヒトなのか。

稲荷山古墳（金錯銘鉄剣は左の後円部の生け垣のなかから出土。前方部は最近の造成）

礫槨に、剣とともに葬られたヒトは誰なのだろうか。礫槨のヒトは稲荷山古墳のヌシではないようだということも踏まえて考えてみたい。

大きく分けて三つの説があると、高橋一夫氏はいう。

①「おわけ」は、大王が天下を治めるのを補佐した畿内豪族で、「おわけ」本人が東国に派遣されて、自分のことを記した剣をつくり、それとともに稲荷山古墳に埋葬された

②「おわけ」は、杖刀《じょうとう》人として上番した北武蔵の豪族の子弟が、杖刀人の首《おびと》である「おわけ＝畿内豪族」から褒美としてもらった剣とともに埋葬された。子弟とは、古墳の本当のヌシの子供で、親の古墳の墳頂部に埋葬されたという説。

③「おわけ」は北武蔵の豪族で、本人が剣をつくって一緒に葬ってもらった。

このうち、①は畿内豪族とすれば、埋葬施設*が古墳の本体部分ではない状況はありえないので除外するとして、②か③かの正解は、依然、

県内最大の前方後円墳。二子山古墳

不明である。

なぜ、丸墓山だけが円墳なのか？

丸墓山は日本最大級の円墳。これだけが、どうして前方後円墳*でなくて、円墳なのか？

丸墓山は、墳形が円墳であると同時に、造られた場所が稲荷山と二子山との間で、埼玉《さきたま》古墳群が造られている台地からはみ出して設計されており、無理して割り込んできたような印象すらある。丸墓山のヌシは前方後円墳を造りたかったが、それを規制されて、できなかったのではないか。それでは円墳でもよいから、驚くほど大きいものを造ってやろうとして、場所も無理やり、稲荷山と二子山の間に造らせろと無理をきかせたのではなかろうか。

感情で造られたのが丸墓山だというと、勝手な想像をするな！　とお叱りを受けるかもしれませんが…。

この古墳群を造ったヒトたちは、このあと、どうなったのか？

この連綿と続く古墳を造ってきた氏族も、中の山古墳を造ってからは、勢力を分散せざるを得なかった。そして、古墳も時代の流れにしたがって、方墳*（戸場口山古墳）を造ることになっていった。七世紀初め頃は、埼玉県でも寺谷《てらやつ》廃寺という飛鳥寺*に続く古い寺院が造られた時代である。古墳から寺院へ、氏族制度から中央集権へ、時代が大きく変わる時期である。

埼玉《さきたま》古墳群も、古代のロマンを残して眠るときを迎えた。

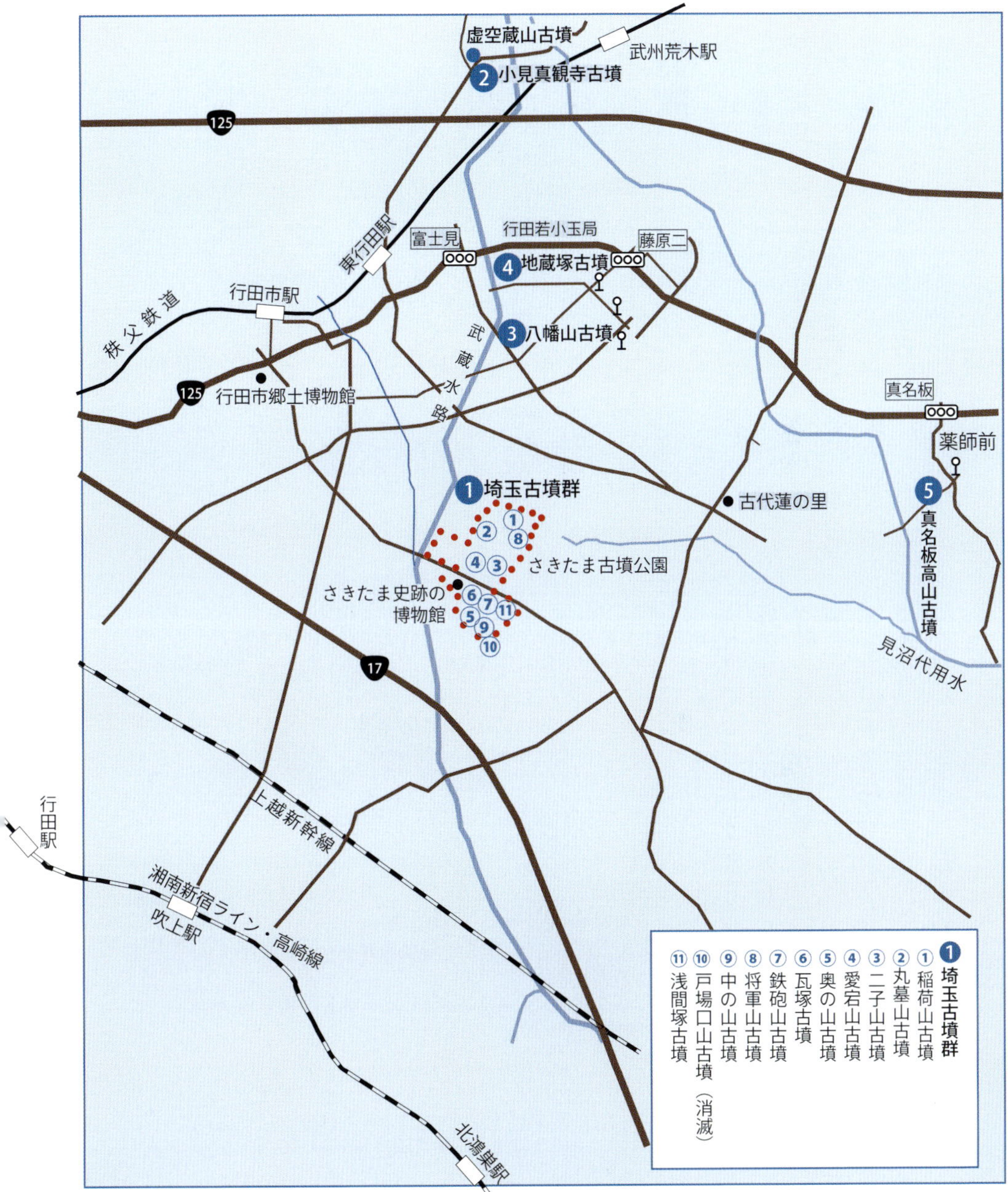
虚空蔵山古墳
武州荒木駅
2 小見真観寺古墳
125
東行田駅
富士見
行田若小玉局
藤原二
4 地蔵塚古墳
行田市駅
秩父鉄道
3 八幡山古墳
武蔵水路
125
行田市郷土博物館
真名板
薬師前
1 埼玉古墳群
古代蓮の里
5 真名板高山古墳
さきたま古墳公園
さきたま史跡の博物館
見沼代用水
17
上越新幹線
行田駅
湘南新宿ライン・高崎線
吹上駅
北鴻巣駅
1 埼玉古墳群
① 稲荷山古墳
② 丸墓山古墳
③ 二子山古墳
④ 愛宕山古墳
⑤ 奥の山古墳
⑥ 瓦塚古墳
⑦ 鉄砲山古墳
⑧ 将軍山古墳
⑨ 中の山古墳
⑩ 戸場口山古墳（消滅）
⑪ 浅間塚古墳

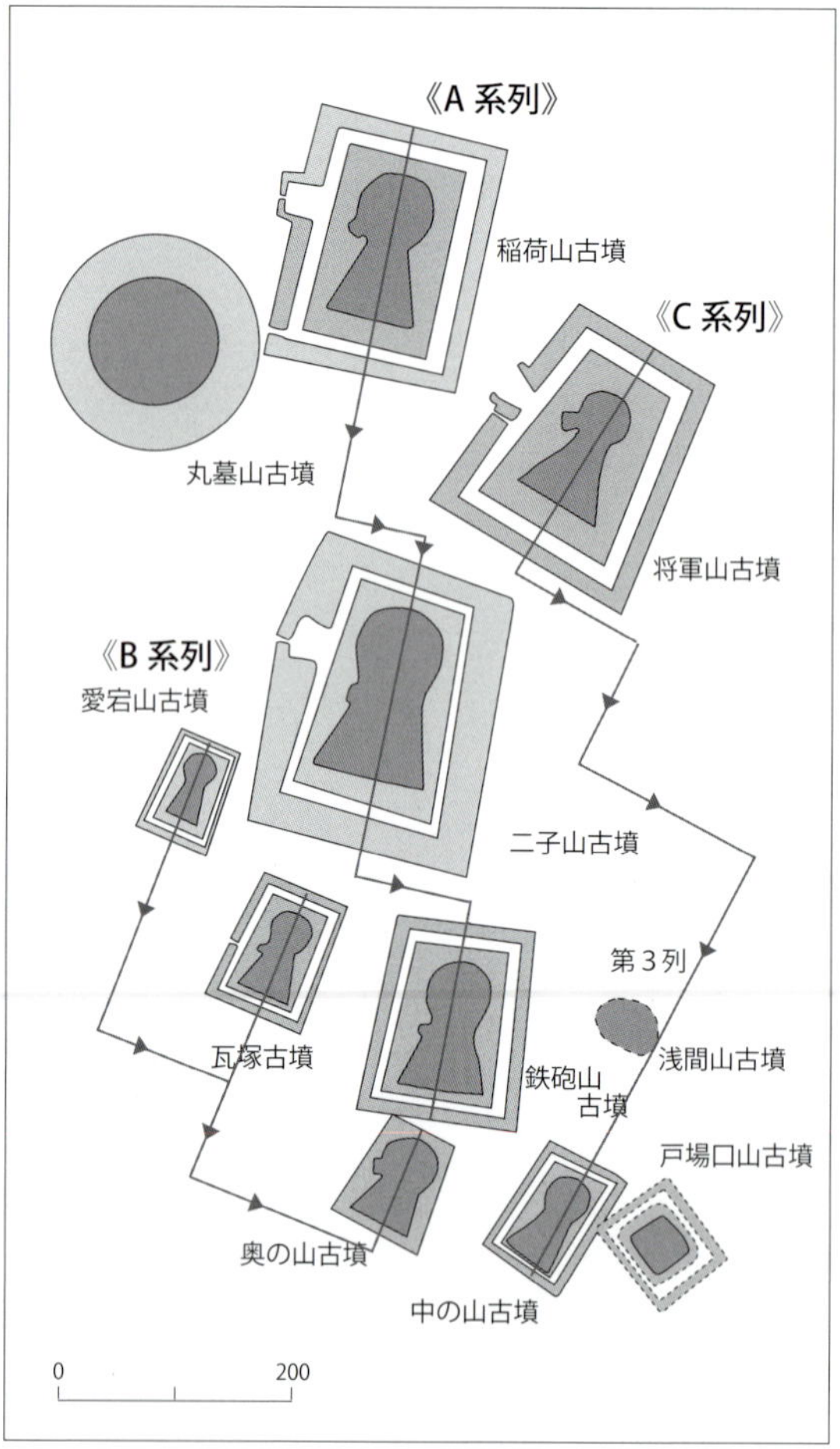

埼玉古墳群に置ける三つの主軸方位
A、B、C三つの主軸方位の存在がわかる。方位A、Cが首長権を継承した古墳
（『鉄剣銘二五文字の謎に迫る－埼玉古墳群－』新泉舎刊を参考に作図）

データ

◎所在　行田市埼玉（13頁・広域地図17頁）

◎形状・年代など

1 稲荷山古墳（いなりやまこふん）

墳長120㍍。5世紀末、古墳群で最初に造られた。墳頂部に礫槨と粘土槨。礫槨から国宝の金錯銘鉄剣が出た。前方部の土は平成に修復。墳丘見学可。

2 丸墓山古墳（まるはかやまこふん）

直径105㍍。6世紀初頭・高さ18.9㍍の円墳。（奈良市富雄丸山古墳の約110㍍は埼玉県民としては公平に調査して欲しい）。一部だけ葺石貼り付けは古墳群内で唯一。墳丘見学可。

3 二子山古墳（ふたごやまこふん）

墳長132.2㍍。6世紀前半（丸墓山のあと。二子山古墳のほうが先という説もあり）。古墳群内かつ県内で最大の前方後円墳。造り出しから須恵器《すえき》甕《かめ》・壺・器台・高坏などが出土。一メートルを超える群内最大の円筒埴輪も出土。

4 愛宕山古墳（あたごやまこふん）
墳長54.7メートル。6世紀中頃までの早い段階の築造で、群内で最小の前方後円墳。二子山古墳と時期的に接近した6世紀前半〜中頃。

5 奥の山古墳（おくのやまこふん）
墳長66.4メートル。6世紀中頃。前方後円墳で唯一の一重周濠。円筒埴輪・形象埴輪（弾琴・騎馬男子・武人・大刀・盾・靫・鹿・馬など）が出土。

6 瓦塚古墳（かわらづかこふん）
墳長73.4メートル。6世紀中頃。多彩な形象埴輪（家・人物・馬・水鳥・犬・鹿・大刀・盾など）が陸橋近くの中堤で発見。

7 鉄砲山古墳（てっぽうやまこふん）
墳長107.6メートル。6世紀中頃〜後半。江戸時代に忍藩の射撃練習場が造られたので、その名がついた。円筒埴輪・土師《はじ》器《き》・須恵器など出土。

8 将軍山古墳（しょうぐんやまこふん）
墳長90メートル。6世紀後半。銅鋺《どうわん》・蛇行状鉄器・馬冑《ばちゅう》などが出土。第一主体部の側壁は房州石、天井石は緑泥片岩《りょくでいへんがん》。第二主体部は前方部に木棺直葬。

9 中の山古墳（なかのやまこふん）
墳長（推定）79メートル。6世紀末から7世紀初頭。底部穿孔した須恵質埴輪壺と須恵質朝顔形円筒出土が特徴。埴輪生産が終わってしまったため、須恵器窯場に注文したか。

＊忘れちゃいけない、この古墳！

10 戸場口山古墳（とばぐちやまこふん）
一辺40メートル、二重周濠の方墳。6世紀末から7世紀初頭。大正年間の土取りで消滅。埼玉《さきたま》古墳群の最後を飾る古墳。

11 浅間塚古墳（せんげんづかこふん）
径50メートルの円墳。7世紀。前玉《さきたま》神社が墳頂にある。石室の天井石の緑泥片岩が日露戦役記念碑として使われている。

◎アクセス
①JR行田駅（東口）から市内循環バス〈観光拠点循環コース〉左回り約15分「埼玉古墳公園前」下車、徒歩約2分
②秩父鉄道行田市駅（南口）から
・朝日バス「新町一丁目（埼玉りそな銀行前）」から佐間経由吹上駅行約8分、「産業道路」下車、徒歩約15分　＊1時間に3〜4便
・市内循環バス「観光拠点循環コース」右回り約21分「埼玉古墳公園前」下車、徒歩約2分　＊1日3便
③JR北鴻巣駅（東口）から徒歩約5.3キロ（約1時間）。

❷ 小見真観寺古墳＝おみしんかんじこふん（行田市）

さきたま古墳群の盟主のあとを受けて

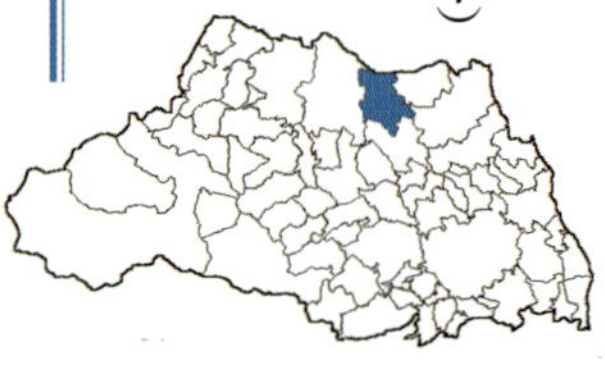

秩父鉄道・武州荒木駅から

行田市小見の真観寺の観音堂のうしろ、自然の山かと誤解してしまいそうなほどの大きさである。

造られたのは、埼玉《さきたま》古墳群の大型古墳の中で最後にできた「中の山古墳」とほぼ同時期。天王山塚古墳（久喜市・102頁）、真名板高山古墳（行田市）、若王子古墳（行田市＝消滅）とともに同時期（六世紀後半）、大きさも約一〇〇《メートル》とほぼ同じ。

*埋葬施設は後円部（お寺側から登る階段の右側）に一つ。ここからは衝角付冑《しょうかくつきかぶと》、*挂甲《けいこう》、金環、*頭椎太刀《かぶつちのたち》、蓋付有脚銅鋺《ゆうきゃくどうわん》などが出土。もう一つは鞍部にあって銅鋺、金銅装頭椎太刀などが出土している。この鞍部石室は七世紀中頃のものとされているようだ。

後円部の石室は寛永年間（一七世紀前半）に開口。前室、後室ともに規模は類似している。鞍部石室は後室のみが残存し、明治十三（一八八〇）年に発掘されている。

このように、石室が二か所に分かれてあることも珍しく、それぞれに葬られたヒトの関係や、後円部の石室が、どうしてこんな下部にあるのかも不思議である。

また、二つの石室から出てきた銅鋺にも注目したい。この付近の古墳からは将軍山古墳や八幡山古墳からも出土している。もともと、仏教に関係する器物と思われ、仏教文化伝来を示すものであるという説もあった。しかし、仏教とは関係なく、むしろ推古期、西暦六〇〇年前後の東国介入と関連して考えられることが多いようである。ヤマト朝廷からのプレゼントだったという説である。

埼玉《さきたま》古墳群の末期にできた四つの古墳。ほぼ同じ大きさ、同じ時期となると、これら四つの古墳のヌシの「人間関係」はどうなっていたのだろう。

たまには寄り集まって酒でもくみかわす仲だったのか。この銅鋺になみなみと酒を注いで、「さあ、飲めよ～」そんな想像は不謹慎だろうか。

樹木が生えているのが小見真観寺古墳。高さはないが大きい

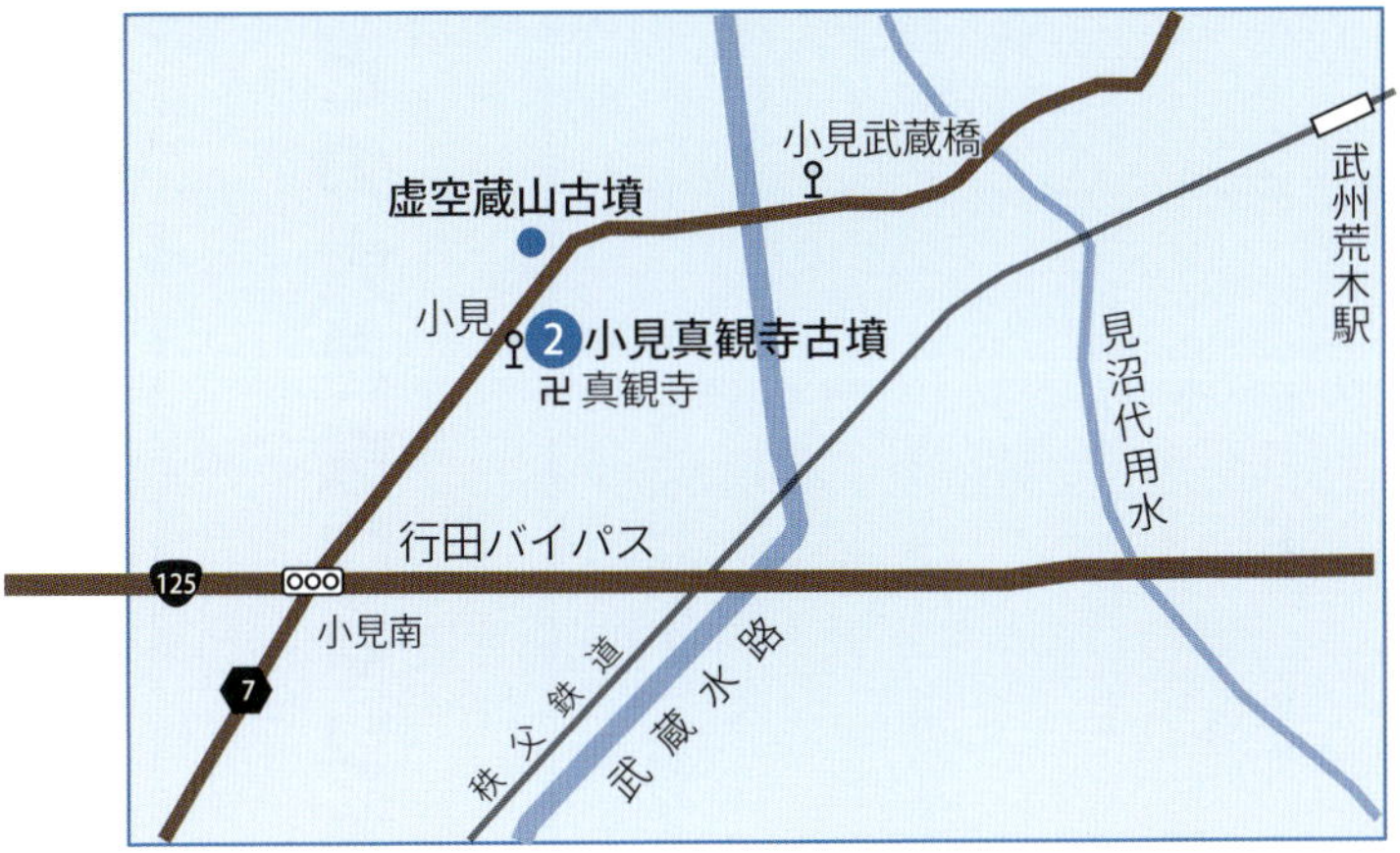

データ

◎所在　行田市小見（地図17・21頁）
◎形状　*前方後円墳
墳長112メートル
◎年代　6世紀後半
◎アクセス
①秩父鉄道武州荒木駅から徒歩約1キロ
②または、東行田駅から徒歩約2キロ

3 八幡山古墳＝はちまんやまこふん

積み上げた巨石ほどの大きなロマンあり

（行田市）

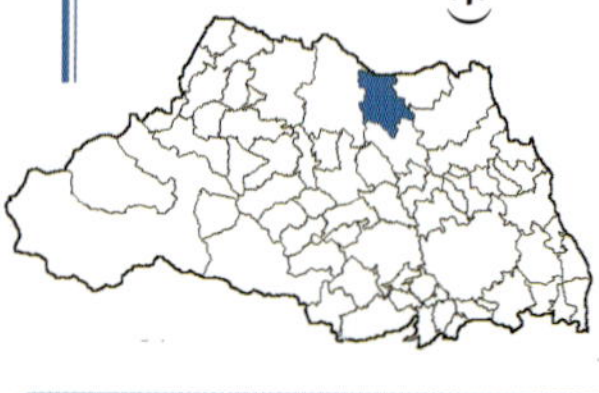

JR高崎線・行田駅から

奈良の明日香村に石舞台《いしぶたい》古墳というのがある。ブルドーザーやクレーンもない時代なのに、よくぞマア～と思うほどの巨石を積み上げた古墳である。明日香村が「西」の石舞台なら、ここ行田市にあるのが「東」の石舞台、八幡山古墳。西も、東も、覆っていた土が取られて石だけが残った。

八幡山古墳は、直径七四メートルの円墳の覆土が近くの沼を埋めるために削り取られたあとなのだ。巨大な石組は前室・中室・奥室の三つの部分から成り、秩父の*緑泥片岩《りょくでいへんがん》、群馬県榛名山二ツ岳*の噴火による*角閃石安山岩《かくせんせきあんざんがん》など、各地の石を用いて造られている。

明日香村の石舞台古墳は、八幡山と同時代の七世紀後半に造られた蘇我馬子《そがのうまこ》の墓ではないかともいわれている古墳で、石室の長さは一九・一メートルあり、八幡山の一六・七メートルをしのぐ。

八幡山では、復元工事に伴う発掘調査などで「夾紵棺《きょうちょ＊かん》」という七世紀以降の天皇や極めて身分の高い貴族にしか使えなかった「漆塗りの布を何枚も、何枚も貼り合わせて作った板製の棺」の破片が見つかっている。

天皇に次ぐような身分の高いヒトが、どうして、ここへやって来たのか。行田が舞台の「陸王」や「のぼうの城」の数千倍の大ロマンである。

一説では聖徳太子の舎人《とねり》（天皇などに近侍していた従者）として活躍し、在俗の信者として仏教にも親しんだという物部連兄麻呂《もののべのむらじえまろ》の墓では

ないかともいわれている。彼は六二三年に武蔵《むさしのくにの》*国造《みやつこ》に任じられたといわれ、七世紀の中頃のヒトで、この古墳の年代とも一致するからである。これが事実なら、聖徳太子と埼玉県との関係も成立するのだが…。

遺物としては、ほかに銅鋺《どうわん》、直刀、*鉄鏃《てつぞく》、金銅製*太刀把頭《つかがしら》、鞘尻《さやじり》金具、須恵器など。特に銀製弓弭《ゆはず》や八花銅環座は葬られた高貴な人にふさわしいものとされている。

石の巨大さ、奥室のドームのつくりの細心さも素晴らしいが、その中にいっぱいの謎とロマンに魅了される古墳だ。

データ

◎所在　行田市藤原町（地図17・23頁）
◎形状　円墳　径約74㍍
◎年代　7世紀後半
◎アクセス　JR行田駅前からコミュニティバス行田市南大通り線コース16分「工業団地」下車、徒歩すぐ。＊毎時2本
◎問合せ　行田市役所　048-556-1111

4 地蔵塚古墳 = じぞうづかこふん（行田市）

線刻画が描かれているのは、唯一ここ！

JR高崎線・行田駅から

装飾古墳というものがある。古墳の石室に、いろいろの絵や図形が描かれているものだ。装飾古墳には地域的な偏りがあって、あるところにはあり、ないところには全くない。あるのは九州。そして茨城から福島の太平洋岸。

埼玉は全くない地域であるが、絵のある古墳が一つだけある。それが行田の地蔵塚古墳。

烏帽子をかぶったヒト、弓を引いているヒト、舟に乗っているヒト、馬、水鳥、などが細い線で刻まれている。彩色もされておらず、ほかの装飾古墳の絵とは大きな違いがある。

安山岩の切り石で丁寧に構築された、真ん中を張り出した横穴式の石室で、奥壁と天井石には秩父青石といわれる*緑泥片岩《りょくでいへんがん》、鎌倉時代の板碑《いたび》に使われる石であるが、その奥壁と側壁（安山岩）に、その線刻画があり、昭和三十七（一九六二）～三十八年に、当時、斜めに落下していた大きな天井石を元に戻す工事が行われたときに発見された。

暗闇の中に浮かび上がった絵を初めて見たヒトたちは、どんなに興奮したことだろう。年々、線が薄くなって、現在は、古墳自体は封鎖されてしまっている。

さいたま市の「埼玉県立歴史と民俗の博物館」にレプリカが展示されているのを見ていただくのが、現物よりも、よく分かるという状況。

この絵は、誰が何のために描いたのだろうか。高松塚古墳とかキトラ古墳のように緻密に計算された絵ではなく、極めて稚拙な線刻画であり、自分の好きなように、きままに描いた絵である。

しかし、何のために？ 石室ができあがってから、入口が閉められるまでの間に描いたのだろうか。見つかったら、ほめてもらえることではなかろう。それだけの危険も冒して、いくつもの絵を描くということは、被葬者に贈るプレゼントだったのではなかろうか。被葬者の生涯のシーンで、自分の心に残ったものを描いた…

それが、この絵だろうと思われる。心のこもったプレゼントを封じ込めた古墳と考えたい。

データ

◎所在　行田市藤原町　（地図17・25頁）
◎形状　方墳*　一辺約28㍍
◎年代　7世紀中頃から末
◎アクセス　JR行田駅前からコミュニティバス行田市南大通り線コース16分「工業団地」下車、徒歩すぐ。
◎問合せ　行田市役所 048-556-1111

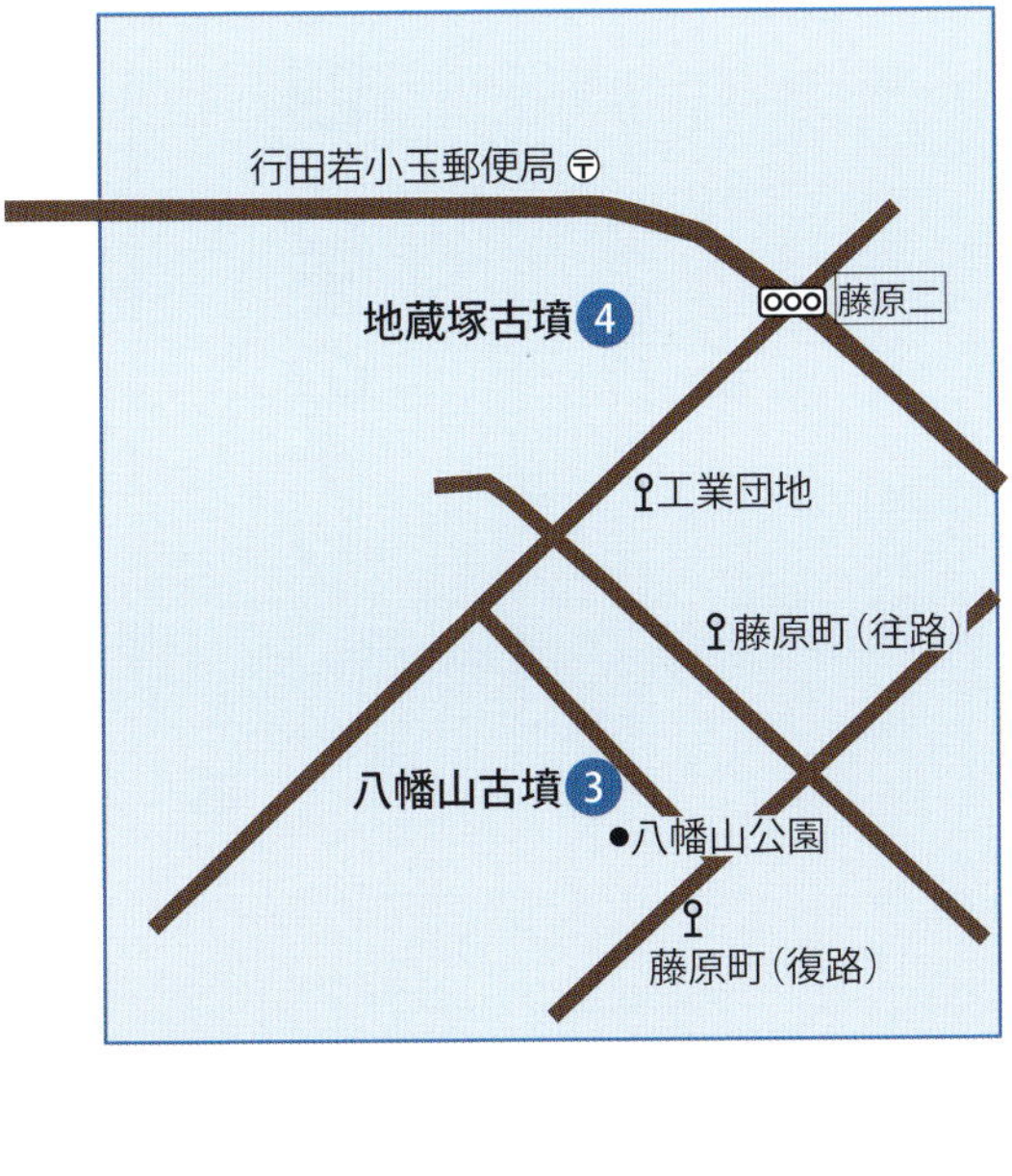

5
真名板高山古墳＝まないたたかやまこふん（行田市）
さきたま古墳群をとりまく四天王のナゾ

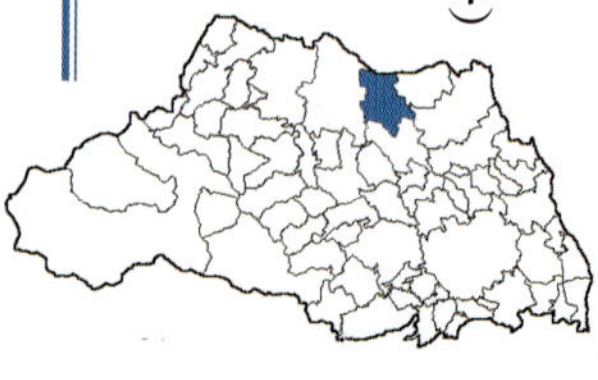

JR 高崎線・鴻巣駅から

埼玉《さきたま》古墳群の中の大型古墳の系列がフィナーレを飾る中ノ山古墳と同時期に、周辺にできた四つの大きな前方後円墳*の一つである。ほぼ同時期、ほぼ同じ大きさということは、何らかの関係が、その四人にあったと考えてもいいのではないか…。

その四人は、お互いにどういう関係だったのだろうか。並立する権力者の間によくある、シェイクスピアの悲劇のように、裏切りや憎悪の炎が燃える出来事はなかったか。古墳の上に立って、今は静かな田園風景の中に、古代の幻の人間関係を想像してみよう。

四つの古墳は、天王山塚（久喜市一〇七メートル・102頁）、小見真観寺（行田市一一二メートル）、消滅した若王子古墳（行田市 九五メートル）と、この真名板高山古墳（一〇五メートル）だ。

これらの古墳に葬られた人たちの関係について、考古学者の杉崎茂樹氏は、「埼玉《さきたま》古墳群の最高首長と本宗家と分家といったような血縁が近い関係にあり、時にはこれを補佐し、あるいは上位に位置し、連合的な政治体制を出現させていたものだと考えられる」とされている。

この四つの古墳の成立時期について増田逸朗氏は、この真名板高山が六世紀中頃、天王山塚が六世紀後半、小見真観寺が六世紀末（消滅した若王子については触れていない）としている（『古代王権と武蔵国の考古学』＝考古民俗叢書）。

多少のズレはあるが、とにかく生きていた時

代は同じで、四人が仲良くか、ライバルとしてか、何らかの関係があったと考えると楽しいのではないか。

　電波探査などにより、この古墳を調査したところ、河川の氾濫土により、約三メートルほど埋没していることが判明し、この古墳の規模は実際にはもっと大きかったようだ。あと何メートル大きくなるのか、答えの出方次第では、これまでの「埼玉《さきたま》古墳群像」四天王の序列が崩れるのか。

　いや、そうではないだろう。厳密な設計で造られたものではなかろう。何メートルの単位で順序が動いても、そんなことに気を回していては、当時の人たちに笑われてしまうかな。

　主体部についても未調査で、墳丘から採取された埴輪*によって、その時代を六世紀中頃から後半と推定されるだけ。

　謎の多い古墳だが、それだけにロマンも大きく、眺めていて、楽しい。

データ

◎所在　行田市大字真名板（地図17頁）
◎形状　前方後円墳　墳長105メートル
◎年代　6世紀後半
◎アクセス
①JR鴻巣駅東口から朝日バス真名板十字路行き30分「薬師前」下車。＊1時間1本
②八幡山古墳や地蔵塚古墳を見て、徒歩約3キロ
◎問合せ　朝日バス加須営業所　0480-61-7330

column

埼玉県の古墳・築造年代順一覧

＊本書掲載の古墳のみ掲載

☆3世紀後半

64 権現山古墳群 152
54 根岸稲荷神社古墳 132
11 大塚豊明神社古墳（～4世紀前半） 40
34 塩古墳群（3世紀末～7世紀） 90

☆4世紀前半

16 鷺山古墳 52
49 山の根古墳 122
56 諏訪山29号墳 136

☆4世紀中葉

42 浦和・大久保古墳群（～5世紀～6世紀） 106
53 古凍・柏崎古墳群（～7世紀中葉） 130

☆4世紀後半

52 野本将軍塚古墳 128
55 諏訪山古墳 134
60 三変稲荷神社古墳 144
21 長坂聖天塚古墳（～5世紀初） 62
19 大久保山古墳群（～4世紀後半～7世紀） 58
38 熊野神社古墳 98

☆5世紀前半

48 雷電山古墳 120

☆5世紀中葉

17 金鑚神社古墳 54
67 皆野大塚古墳（～6世紀前半） 160
23 広木大町古墳群（～7世紀後半） 66

☆5世紀後半

1 さきたま古墳群（～6世紀後半） 12
20 塚本山古墳群（～8世紀初） 60
25 旭・小島古墳群（～8世紀初） 70
33 横塚山古墳 88
44 月の輪古墳群（～6世紀末） 112

☆6世紀

59 慈眼堂古墳 142
7 毘沙門塚古墳 32

☆6世紀前半

6 永明寺古墳 30
10 目沼浅間塚古墳 38
12 内牧古墳群（～7世紀前半） 42
14 青柳古墳群（～7世紀後半） 48
58 苦林古墳群（～7世紀） 140
65 柊塚古墳 154

☆6世紀中葉

9 樋遣川古墳群 36
13 白岩古墳群（～6世紀後半） 46
15 中新里諏訪山古墳 50
26 帯刀古墳群（～7世紀） 72
27 木の本古墳群（～6世紀後半） 76
46 とうかん山古墳（～6世紀後半） 116

☆6世紀後半

2 小見真観寺古墳 20
5 真名板高山古墳 26
40 天王山塚古墳 102
41 稲荷塚古墳 104
8 鶴ケ塚古墳 34
22 羽黒山古墳群（～7世紀後半） 64
24 秋山古墳群（～7世紀初） 68
28 寅稲荷古墳 78
31 鹿島古墳群（～8世紀初） 84
32 黒田古墳群（～7世紀前半） 86
35 三島神社古墳 92
47 甲山古墳（～6世紀後半） 118
39 原山古墳群（～7世紀中葉） 100
57 胴山古墳 138
62 牛塚古墳（～7世紀初） 148
66 金崎古墳群（～7世紀初） 158
50 黒岩横穴墓群（～7世紀） 124
51 吉見百穴（～7世紀中葉） 126

☆7世紀

68 飯塚・招木古墳群（～8世紀前半） 162
70 狐塚古墳 166

☆7世紀前半

36 箕田古墳群 94
63 山王塚古墳 150

☆7世紀中葉

43 穴八幡古墳 110
4 地蔵塚古墳（～7世紀末） 24

☆7世紀後半

29 籠原裏古墳群（～8世紀初） 80
30 宮塚古墳 82
45 稲荷塚古墳 114
69 大野原古墳群（～8世紀初） 164
3 八幡山古墳 22

☆年代不明

18 若泉稲荷神社古墳 56
37 八重塚古墳 96
61 広徳寺古墳 146

＊項目番号の色は掲載の章をあらわす。
＊項目下に掲載頁を記載。

II

県東部の古墳をめぐる

東武伊勢崎線で

6 永明寺古墳＝ようめいじこふん

堂々、ヤマト政権の最前線に立つ

（羽生市）

東武伊勢崎線・羽生駅から

まだ、武蔵とか、*毛野《けぬ》とかの国の名はついていないのだから、*利根川が武蔵と毛野の国境とはいえない。しかし、どの時代にも、地域を分ける境界だったことだろう。

　埼玉古墳群の稲荷山古墳で見つかった「金錯銘鉄剣《きんさくめいてっけん》」のことを考えれば、ヤマトの政権の影響が確立しつつあるという状況下ではあるが、利根川右岸はヤマト勢力圏内、そして左岸はまだ完全に、ヤマトになびいていない地域だった—とはいえるのだろうか。

　この永明寺古墳が立っているのは、まさにヤマト政権の最前線。時代は六世紀の初頭というのだから、五世紀末に、稲荷山古墳から始まった埼玉古墳群の時期である。

その時期に最前線・利根川の近くに、こんなに左岸勢力に挑戦的に造られた古墳は少ない。

　しかも、左岸勢力の増援軍が、利根川をさかのぼってくるとすれば、戦端がまさに開かれる位置でもある。

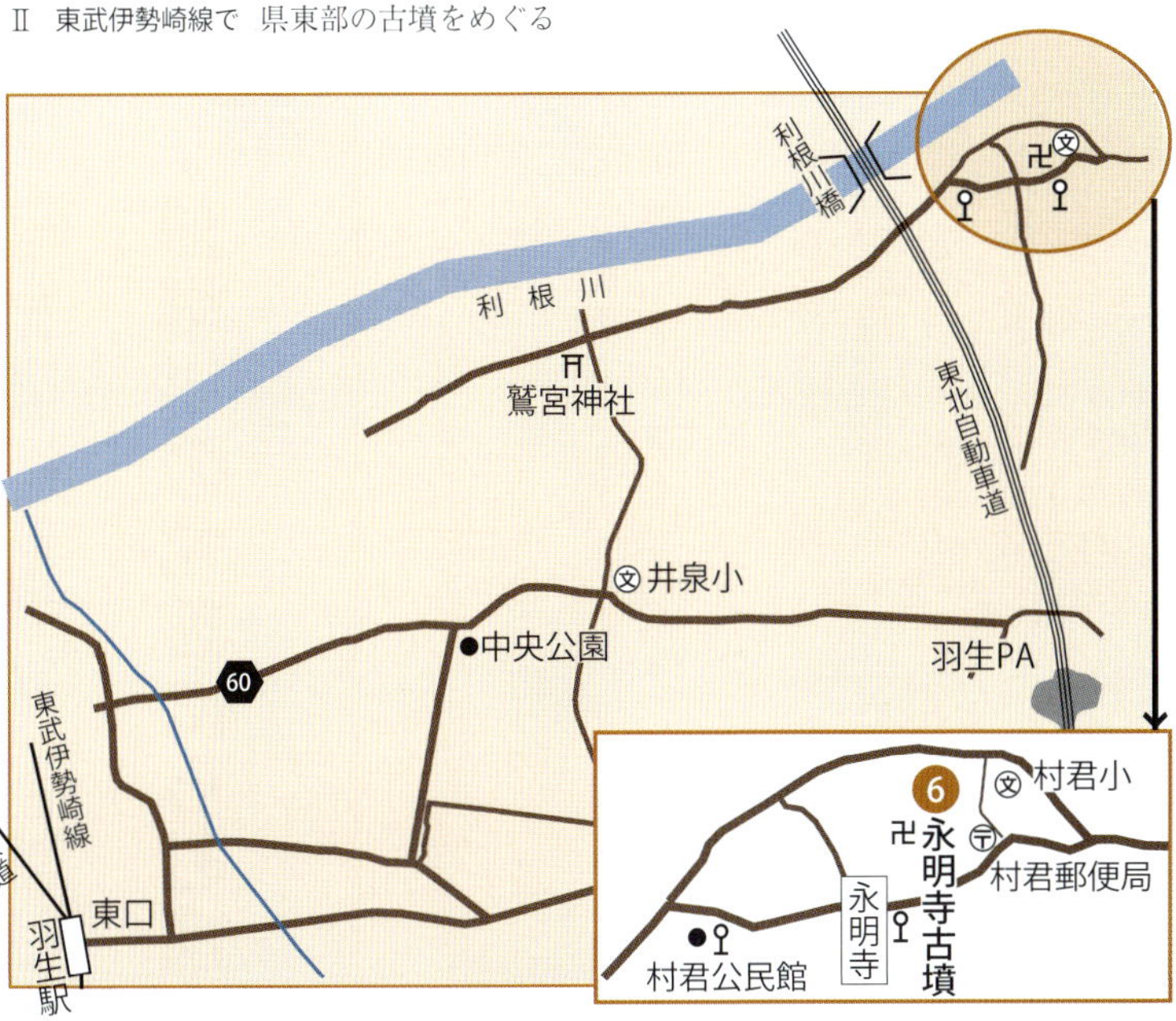

「羽生方面司令官」は、葬られてからも、この重要な場所を守ろうとしているのだろうか。

古墳は、墳頂に薬師堂と文殊堂があるが、薬師堂の下から河原石を用いた礫槨《れきかく》と思われる*埋葬施設が発見され、九窓銀象嵌鐔《きゅうそうぎんぞうがんつば》、衝角付冑《しょうかくつきかぶと》、桂甲小札《けいこうこざね》四、*鉄鏃《てつぞく》三十余、馬具などが*副葬品として見つかった。

比較的、武器類が多かったとなれば、これは被葬者の性格を表していると考えられないか。敵がやってくれば、じっとしてはいないぞ。ここを抜け出して戦うぞ！　そんな気持ちが、この古墳から感じ取れるのである。

ほかに珍しいものとしては、歯が鋸身《のこみ》の中心から振り分けられ、二人で使用する「推す・引く」両用の鉄鋸と考えられているものがある。

データ

◎所在　羽生市下村君字谷田
◎形状　前方後円墳　全長73メートル
◎年代　6世紀初頭
◎アクセス①東武伊勢崎線羽生駅東口からあい・あいバス約20分「永明寺」バス停すぐ。＊1日4便。
②羽生駅から徒歩往復約10キロ。
◎問合せ　羽生市役所　048-561-1121

7

毘沙門塚古墳＝びしゃもんづかこふん　（羽生市）

利根川の北をにらむ連合軍の一翼を担う

東武伊勢崎線・羽生駅から

東武伊勢崎線の電車が通る線路のそば、毘沙門堂の境内地にある前方後円墳*である。前方部に古江宮田神社がある。

邪魔にされて無惨に姿を消す古墳が多い中で、この古墳をこれまで守ってくださった方々に心から敬意を表したい。

この古墳は、利根川右岸*に広がる加須低地にあり、かつて、利根川によって浸食された低台地上に築造されたもので、周濠*の痕跡もわずかながら残っているとされる。

墳丘のそばにある建長八（一二五六）年の板碑は、横穴式石室*の天井石の再利用ではないかという考えもあるようだ。

遺物としては、明治三十六（一九〇三）年、鉄道建設のため前方部の一部を削った際に埴輪*片が発見されたといわれるが、詳細は不明。

同じ羽生市村君にある永明寺古墳とともに、埼玉《さきたま》古墳群と同時期の六世紀代、形状も前方後円墳である。

さきたまの盟主たちと相互に関係をもちながら、かつ、利根川の向こうの毛野《けぬ》*をにらむ軍の一翼を担ったのではなかったかと想像する。

その前提としては、利根川の北の向こうの毛野は五世紀半ばに太田天神山古墳（170頁）という全長二一〇《メートル》、滋賀、三重のラインから東側で最大の古墳を造って、中央のヤマト政権との対立関係があったという仮説がたつのではないかということ。

永明寺古墳やこの毘沙門塚古墳に、利根川を渡って攻めてくるかもしれない毛野勢力を精鋭を率いて待ち受けている姿を思うのである。

毘沙門塚古墳のそば、東武伊勢崎線と秩父鉄道の線路二本を挟んで西一八〇メートルに保呂羽堂《ほろはどう》古墳がある。径二一メートルくらいの円墳。

けっこう立派で、人物埴輪の頭部も発見されている。

「武蔵」、「毛野」などというクニは律令制が八世紀以降に成立したものなので、当時は利根川の北が「毛野」ではなく、便宜上の表現である。

データ

◎所在　羽生市西1丁目
◎形状　前方後円墳（東武線側が前方部）　墳長63メートル
◎年代　6世紀
◎アクセス　東武伊勢崎線羽生駅から徒歩約10分

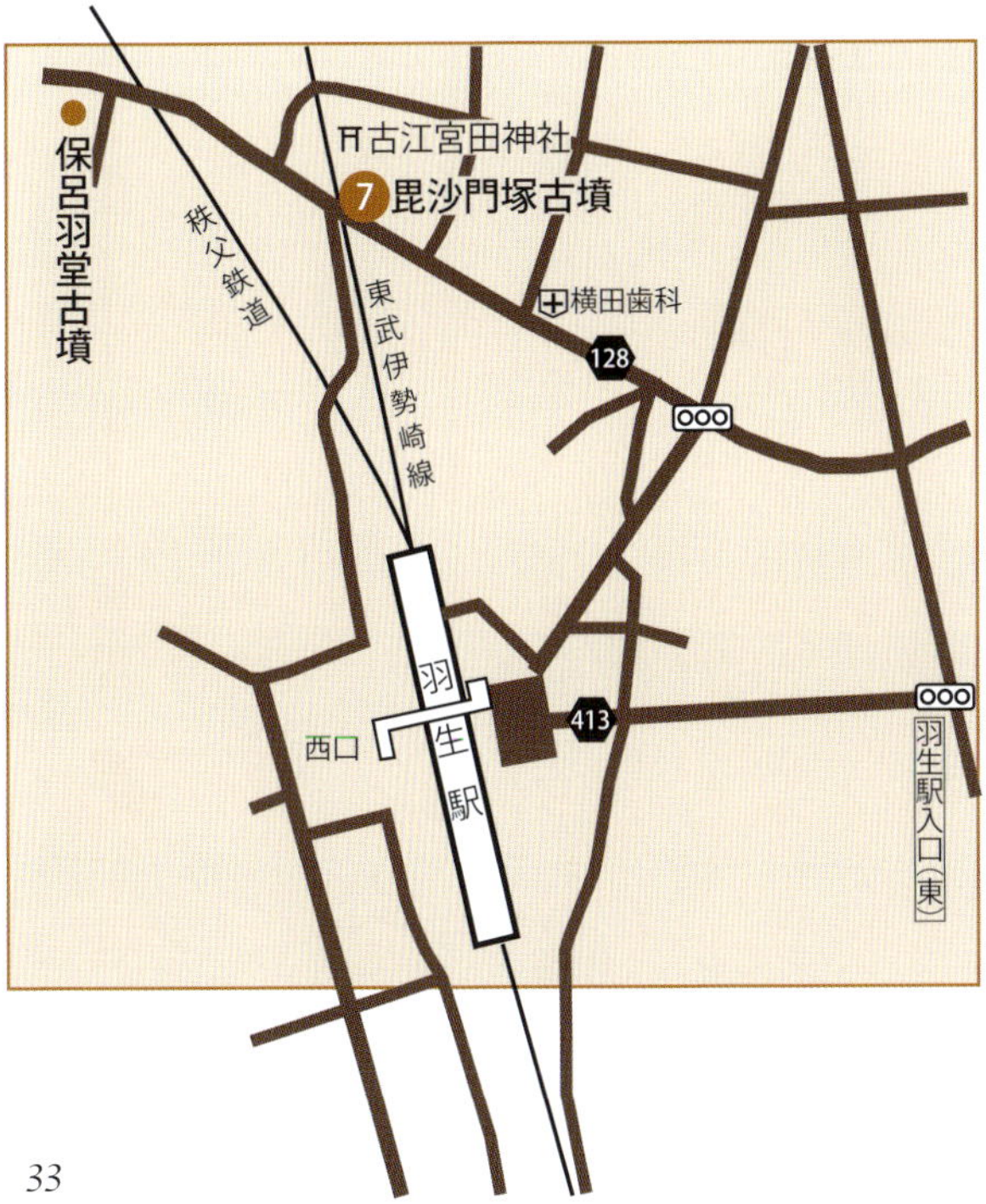

8 鶴ケ塚古墳＝つるがつかこふん

加須低地のおへそ？

（加須市）

東武伊勢崎線・加須駅から

今は、加須低地の水田の中に、ポツンと一つだけ残された古墳だが、この辺りは*利根川の東遷や葛西用水、手古堀川の整備などで、様子が変わる前は、川あり、*自然堤防あり、ひょっとして古墳もほかにありという風景だった可能性もある。

古墳とはいっても、全部が天照皇太神社の境内の感じ。まさに軒を貸して母屋をとられたようである。かつて、墳丘から靫《ゆき》（＝革製で矢を入れるもの）形埴輪が出土していなかったら、古墳などとはだれも思い浮かばなかったに違いない。

古墳の時期は六世紀後半とされているので、関連があると思われるのは羽生市の六世紀初頭の永明寺《ようめいじ》古墳、そして想像をさらに広げると永明寺古墳につながるかもしれない「埼玉《さきたま》古墳群の盟主たち」のこと。

そういえば、靫形埴輪は、単なる支配者ではなく、「武人」が残したもの。

永明寺古墳も*副葬品として、衝角付冑《しょうかくづけかぶと》や*挂甲《けいこう》小札《こざね》などという武器類が多かったことが思われ、この鶴ケ塚古墳のヒトは、永明寺古墳のヒトが受け持っていた「さきたま」防衛の役割の一端を担っていたのではなかろうかとも、考えられる。

鶴ケ塚古墳から出てきたモノが*埴輪だけしかないので、こんな推測しかできない。遠い、遠い将来に、この古墳の調査が行われたとき、どのような事実が明らかになるだろうか。

そのときまで、私たちが、この加須低地の青い空に、颯爽とした武装のオトコの姿を想像できるのも楽しいことである。

データ

◎所在　加須市町屋新田（地図34・37頁）
◎形状　円墳　径15メートル
◎年代　6世紀後半
◎アクセス　東武伊勢崎線加須駅から国道125号線へ出て加須警察署の交差点を右折して直進、天照皇太神社へ直進。徒歩約30分

9

樋遣川古墳群＝ひやりがわこふんぐん

（加須市）

清冽な気持ちで最前線を守る

東武伊勢崎線・加須駅から

冬の晴れた日、加須のまちから古墳群に向かうと、北に雪をいただいた栃木の日光男体山と群馬の赤城山が並んで望める。すばらしい雪景色のプレゼント。

古墳群は三基しか残っていないが、意外に大きな古墳で、はるばると足をのばした甲斐があった満足感いっぱいになる。

江戸時代には「樋遣川の七塚」と呼ばれ、七基あったらしい。現存は諸塚《もろづか》のほか稲荷塚と浅間塚の三基。なくなったのが穴咋塚、石子塚、宝塚、宮西塚。

いま、主墳と考えられているのが御室社を祀った諸塚古墳（御室塚古墳ともいう）。東国平定に出た御諸別王《みもろわけおう》の墓と伝えられている。

明治時代には「御陵墓伝説地」と内定されたが、決定にはいたらなかったようである。墳形は変えられているが、なかなか堂々としたものである。ほかの二つとも調査はされていないので、埋葬施設*は不明であるし、埴輪*などの遺物も見つかっていないようだ。

諸塚古墳

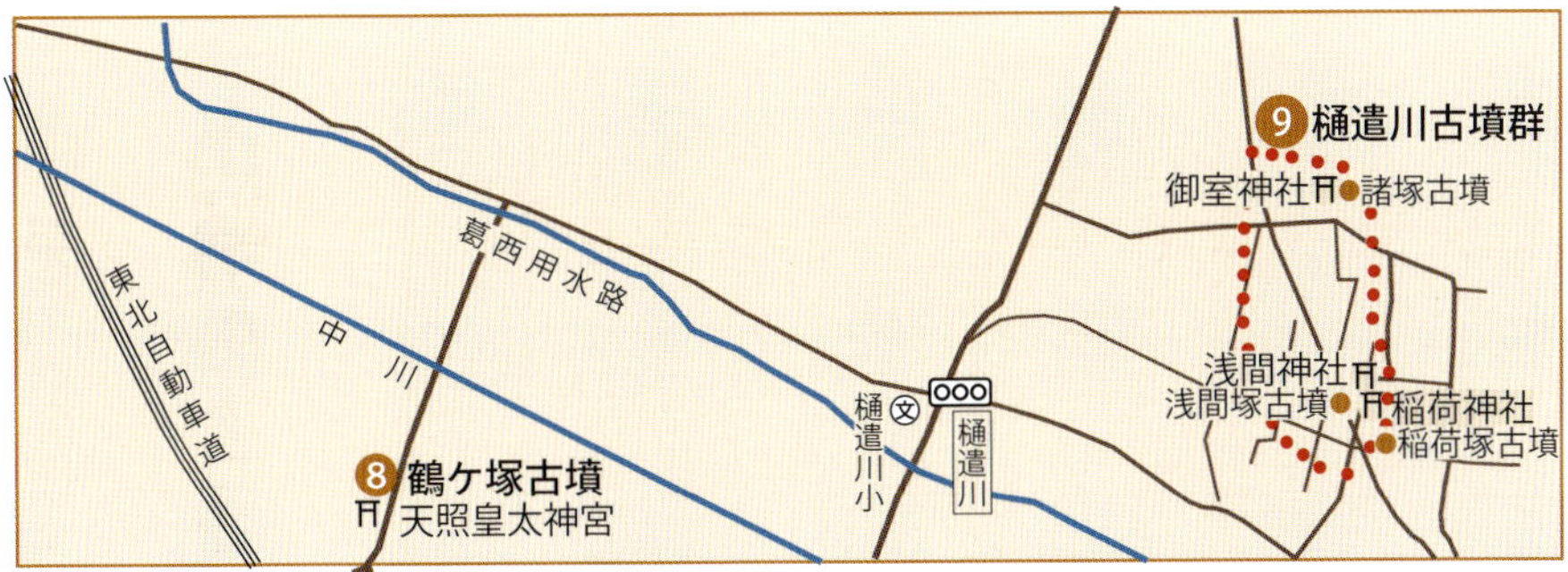

《34頁地図より続く》

いろいろと、立派な遺物が出ているのは、諸塚から西二五〇メートル辺りにあったという宮西塚で、仿製方格四獣鏡・鉄地金銅製鐘形鏡板・鉄地金銅製辻金具・鉄地金銅装素《てつじこんどうそ》環杏葉《かんぎょうよう》・直刀片・円筒埴輪片・ガラス小玉などが出土したと伝えられている。宮西塚古墳の年代は、これらの遺物からも六世紀中葉と推定され、この古墳群も六世紀代を中心として造られたものとされている。

六世紀代といえば、埼玉《さきたま》古墳群が造られていた時代（五世紀末〜六世紀末）と重なる。そして、*利根川上流の羽生市にある*前方後円墳・永明寺古墳が造られたのが六世紀初頭である。樋遣川古墳群も約一キロで利根川という位置にある。

埼玉《さきたま》古墳群ができた頃、いちばんの心配は、いまだ、ヤマトに従うとは言っていない*毛野《けぬ》のヒトたち。いつ、川を渡ってくるかもしれない。それに対抗する最前線は、永明寺、樋遣川のヒト。

このヒトたちのこころの支えになり、清冽な精神を育んでくれたのは、冷え切った冬空に白く輝く男体山と赤城の山々の風景だっただろう。

データ

◎所在　加須市上樋遣川
◎形状　円墳　3基
◎年代　6世紀中頃
◎アクセス　東武伊勢崎線加須駅から徒歩約7キロ

10 目沼浅間塚古墳＝めぬませんげんづかこふん

円墳のようで、実は前方後円墳

（杉戸町）

東武伊勢崎線・
東武動物公園駅駅から

新しい住宅に取り囲まれるように立つ。浅間社建築のための約二メートルの盛土*があるのだが、高さ六メートルと、けっこう堂々とした古墳。円墳のようだが、調査の結果、墳長約四〇メートルの前方後円墳*と分かった。かつては前方後円墳三基を含む七十余基で目沼古墳群を形成していたのだが、いまは、この古墳だけが残されている。

古墳群としては、円筒埴輪の筒部分の凸帯が三本の下総型と二本の武蔵型がともに使われていて、この二つの文化圏の間にあるという地域性を示している。

この目沼浅間塚古墳では下総型は見つかっていない。筒の形をしていて、ひつぎとして使われた「円筒埴輪棺*」という珍しい埴輪*と、ほかに朝顔形埴輪*、人物・馬・家の形象埴輪が出土している。目沼浅間塚古墳としては、築造は六世紀前葉とみられている。

目沼古墳群は、この浅間塚古墳から始まったと考えられ、古代は

頂上から左へ流れるのが前方部

*利根川の流域でもあるので、五世紀末の稲荷山古墳から始まった、上流の埼玉《さきたま》古墳群との関連も考えてみたい。

例えば、この古墳群の中の目沼七号墳（瓢箪塚古墳）の*副葬品の鈴杏葉《すずぎょうよう》は、埼玉《さきたま》古墳群の稲荷山古墳のそれに酷似している。稲荷山古墳出土のものより一段階あとのものとされているが、とりあえずの証拠かもしれない。

データ

◎所在　北葛飾郡杉戸町目沼字浅間
◎形状　*前方後円墳　墳長約28メートル
◎年代　6世紀前葉
◎アクセス　東武伊勢崎線東武動物公園駅東口から朝日バス関宿中央ターミナル行18分「宮前」下車。徒歩15分
◎問合せ　朝日バス境営業所 0280-87-0780

11 大塚豊明神社古墳 ＝ おおつかほうめいじんじゃこふん

一大事！ 利根川流域で初期古墳!?

（杉戸町）

東武伊勢崎線・北春日部駅から

埼玉県の東部で、初めての初期古墳が発見された。これまで、県内では、初期古墳というと、今の荒川の支流の河川の付近と、利根川*のずっと上流のぎりぎり県内に収まるところで流れ込んでいる支流の流域しかなかった。

つまり、現在の古利根川流域は初期古墳はなかったと思われていた。

本庄の辺りで利根川に流れ込む女堀川《おなぼりがわ》流域に造られた古墳時代初期の鷺山古墳（52頁）は、利根川を遡ってきて造られたのではないかと思われる。利根川中～下流域には、初期の古墳は見つかっていなかった。

東京湾の中で、荒川の方は、すぐに支流がありそうだった。しかし、利根川の河口の方は、川が上流から運んできた大量の土砂でつくられた、いわゆるラグーン*が大きく広がって、彼らの舟では遡りにくかったのだろう。だから、ついつい、荒川の方をのぼっていったヒトたちが多かった。しかし、中には誰も行かない方へ行ってみようという者がいた。それが女堀川のヒトたちであり、利根川中流域の豊明神社古墳のヒトたちであったのかもしれない。

豊明神社古墳は、神社の地所で擁壁工事を行ったときに、一般的に初期古墳から出土する底部穿孔壺形土器が発見された。そのほか、器台形土器の脚部破片なども見つかり、神社の鎮座する盛土*は、初期古墳の墳丘ではないかと、町の教育委員会では想定されている。

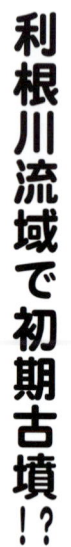

これは一大事である。利根川の流域で、いままで、知られていなかった、初期古墳の時期の、新しい流れが見つかったことなのである。

遠浅の流路や、潮干狩りの海岸のようなラグーンが続く河川流路へ、思い切って舟を漕ぎ入れた勇気あるヒトたち。狭い水路を探り、探り、のぼってきて、ここにたどりついた。

まだまだ、これから、県東地域の古墳時代初期のヒトたちの動きについては、なにが見つかるか、分からない。そこが楽しみであり、ロマンである。

データ

◎所在　北葛飾郡杉戸町大塚

◎形状　墳丘形状不明（前方後方墳ではないかとの想像もある）。

◎年代　3世紀後半〜4世紀前半

◎アクセス　東武伊勢崎線北春日部駅から徒歩約4キロ

⑪ 大塚豊明神社古墳

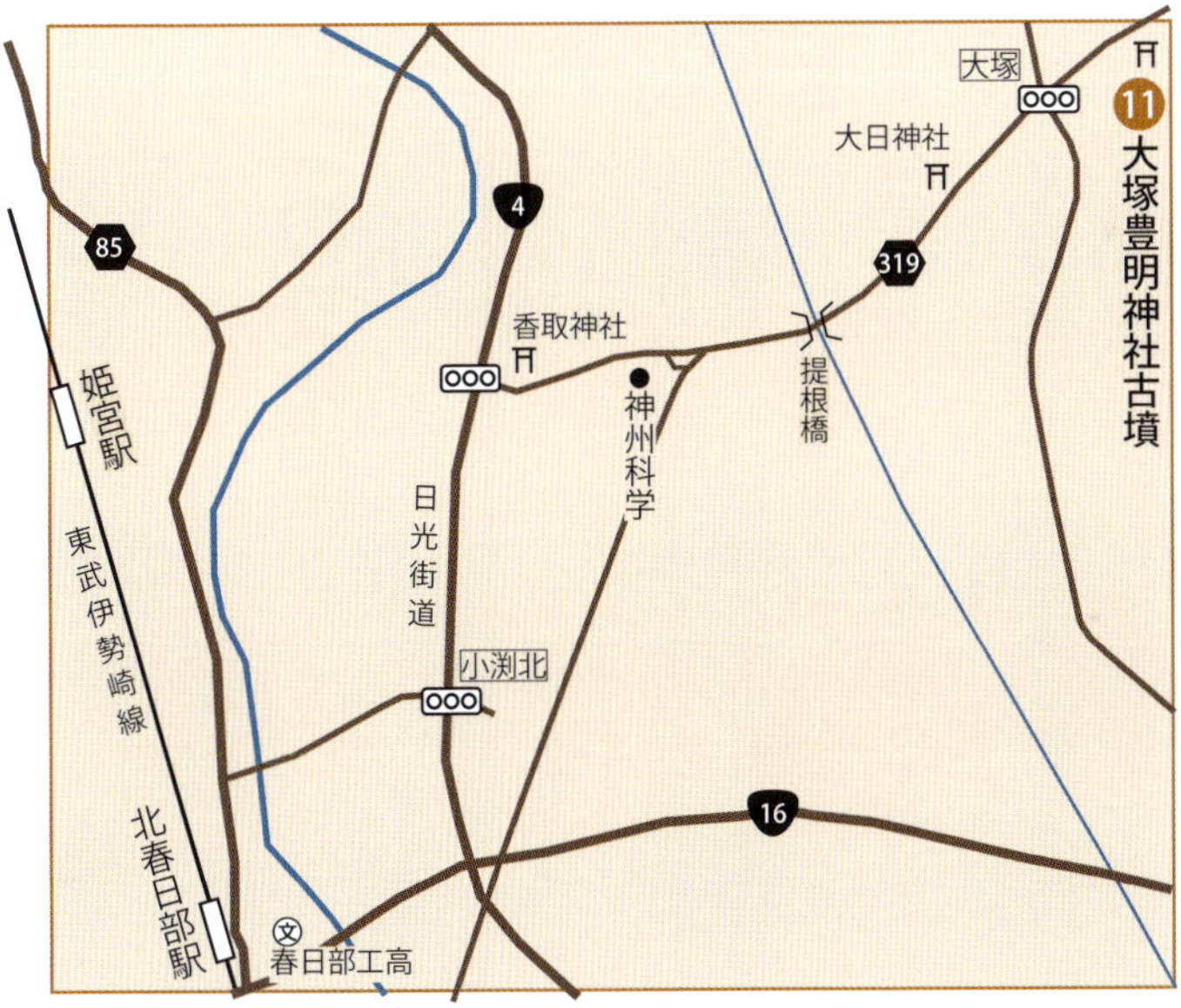

⑫ 内牧古墳群＝うちまきこふんぐん

敷地の中に、武蔵と下総二つの文化圏

（春日部市）

東武伊勢崎線・春日部駅から

容易に見つけられるのは、わずかにマウンドが残存しているものまで数えて円墳六基だが、合計すると一九基（うち一基は前方後円墳*）を数えた古墳群である。

特筆すべきは、出土した円筒埴輪に作られた凸帯が三本の下総型と二本の武蔵型とを併用していて、ここ春日部市が下総と武蔵の二つの文化圏の両方の影響をうける地域であったことを示している。当時はまだ、クニはなかったが…。

古墳群の中で、二つが合わせて見つかることはあるが、同じ古墳でともに出土することは、この古墳群の内牧四号墳だけである。

時代としては、行田市の埼玉《さきたま》古墳群が築造されていた頃、六世紀前半から七世紀前半頃のものと考えられている。

埼玉《さきたま》古墳群の中の将軍山古墳（六世紀末）の石室には房州石という千葉県鋸山周辺産の石が使われている。これはおそらく、内牧の東を流れていた利根川*か、西を流れていた荒川か、あるいはこの二つの河川が合流して流れていたということもあるようだが、河川を遡って運ばれてきたのは間違いない。

当時の内牧のヒトたちは、「えらい人は、あんな大きい石を遠くから、わざわざ運んでくるんだなあ」とか言いながら、巨石の運搬騒動を見ていたか、あるいは手伝わされていたか。

ここで現存している古墳は大きいものでも、高さ二メートル弱、径一〇メートル前後だから、「お庭の築山」

というところ。家族の一員として、仲良く暮らしているような感じである。

しかし、古墳を崩せば建物二棟も建てられそうなスペースを、そのままに残してきていただいている家の方々に、長年のお世話のお礼も申し上げねばならない。

データ

◎所在　春日部市内牧
◎形状　すべて円墳
◎年代　６世紀前半〜７世紀前半
◎アクセス
①東武伊勢崎線春日部駅西口から朝日バス春日部エミナースまたは内牧彩光苑行き約10分「栄町会館入口」下車。徒歩約10分　＊1日8本
◎問合せ　朝日バス杉戸営業所　0480-34-8001
②東武伊勢崎線北春日部駅から春バス豊春駅行き3分「塚内古墳群」下車すぐ＊1日8本
◎問合せ　春日部市都市計画課・交通計画担当　048-736-1111 内線 3517

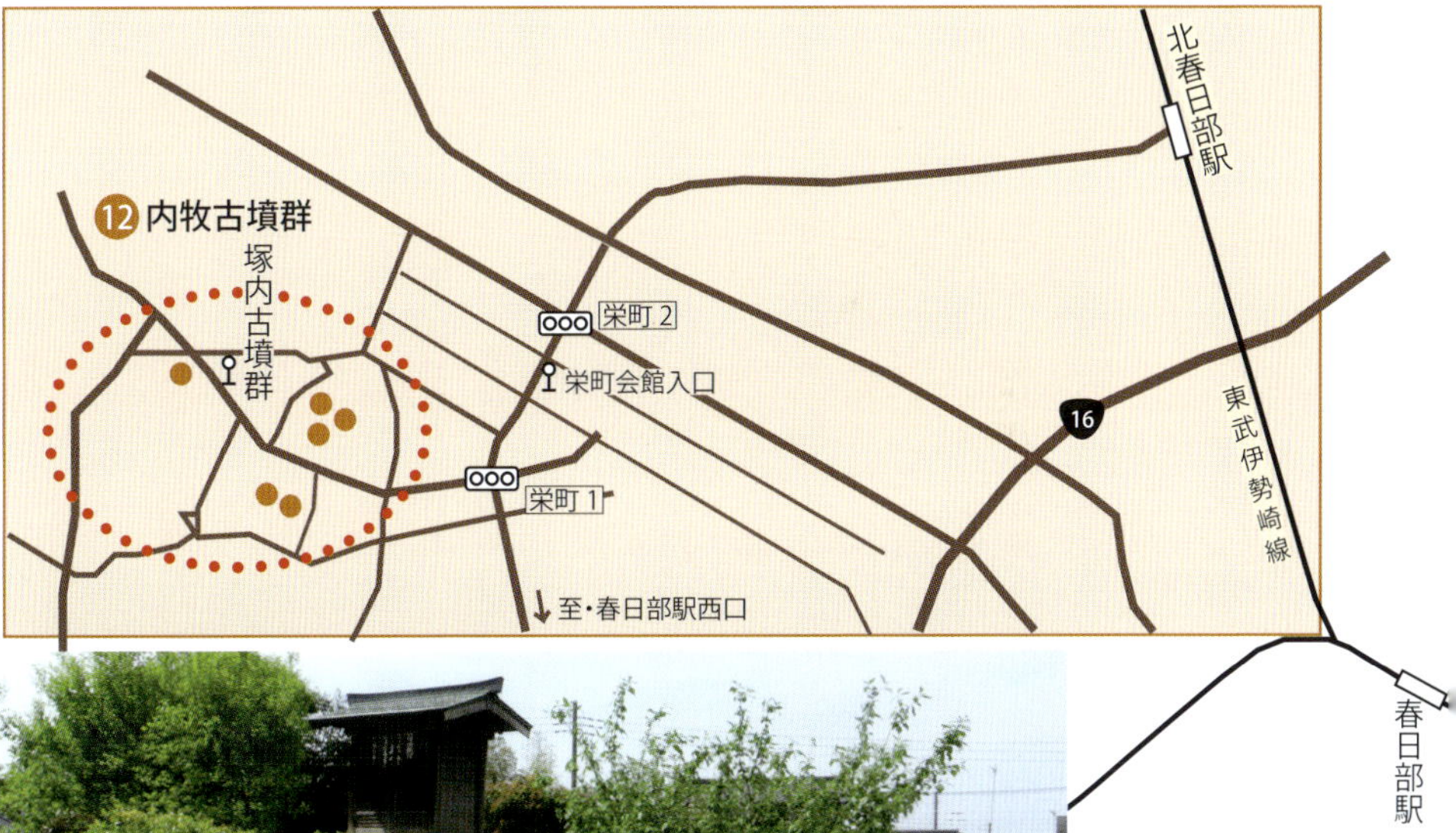

column

古墳のカタチの諸問題

○前方後円墳*のカタチ

円と台形を合わせたようなこのカタチは、世界のどこにもない不思議なカタチ。古代のヒトたちはどうして、このカタチを思いついたのか。数多い説が出ているが、まだ結論の出ていないナゾである。

いまの多数説は「墓道・祭祀施設からの進化」説である。後円部に埋めた埋葬施設*にお参りに行く道路とそれにつながる祭祀施設が発展したものであるとの説。

他の説は「壺の形に由来する」説である。前方後円墳を上から見ると入口が開いた壺のように見えるので、それが原型であるという。しかし、飛行機もドローンもない古代に古墳を上から見ることは不可能。

入口の部分が天、底が地を…とか、人間の生まれる母体や子宮を表しているという説にもつながるが、そんな哲学的思想がその時代にあったことも考えられない。

「墓道・祭祀施設からの進化」説に与したいと思うが、早く、確実な証拠が出てくるのを待ちたい。

なお、朝鮮半島にも前方後円墳が発見されているが、時代的には日本の方が古いことがはっきりしている。

○前方後円墳と前方後方墳

「前方後方」とは、前方後円墳の「鍵穴」の○の部分が□になっている古墳である。

あまり、数は多くなく、天皇陵には採用されていない。全国的にはメジャーな古墳ではない。しかし、初期古墳の時代の関東以東では、千葉県だけは別として他の県ではすべて前方後円墳より先に造られている。地域とトキに偏って造られた古墳である。

魏志倭人伝にいう邪馬台国に対抗して、東海地方より東に存在したであろう「狗奴国《くなこく》」の古墳ではないか、という説もあるが明確な証拠はない。

この二つのカタチの対立の原因は何なのか。古代ロマンあふれるお話かと思われる。

III

高崎線・本庄駅から

古墳の宝庫・県北部を

⑬ 白岩古墳群＝しろいわこふんぐん（神川町）

山と川のグループの対立はあったのか

JR高崎線・本庄駅から

バスが通り、中新里諏訪山古墳がある青柳古墳群から東へ、小さな丘陵に登ると、白岩古墳群。その中に銚子塚古墳。ともに六世紀中葉の*前方後円墳。大きさは諏訪山が四二メートル、銚子塚が四六メートル。

諏訪山は*神流川《かんながわ》に近く造られ、銚子塚は山の上。どうして、こんな小さい地域に同時に二つのグループがあったのか。

そもそも、この古墳時代に「グループ」とは何だったのか。

今でいう親戚の集団か、親戚でないヒトも入れた地域集団か、生産活動を共にする仲間か、あるいは出身地が一緒なのか。何かが違ったのだ。だから、片方は川のほうへ、片方は山のほうへ。いまももちろんあるいろいろなグループ、その芽が、こんな歴史の中にあることが面白い。

グループが違うと、日常生活でも不便なことがでてくるだろう。

たとえば、農耕の際には水が必要。その水を争って、対立することはなかったのか。仲間は仲良く、仲間でなければ対立するのか？ 古墳時代の「人間関係」についても、この銚子塚のそばに立って考えてみたい。

銚子塚古墳の主体部は、*横穴式石室と考えられているが、あとは*周濠跡、*葺石、*埴輪などが確認されている以外は不明である。

白岩古墳群は、銚子塚古墳以外は、低墳丘の円墳四基で形成されているといい、その円墳四基は現在確認が難しい。

山にのぼった古墳、川の近くにこだわった古墳、そのグループの対立、友好の関係を考えてみたい。

データ

◎所在　児玉郡神川町大字新里字白岩（地図47・49頁）

◎形状　*前方後円墳　墳長46㍍および円墳４基

◎年代　６世紀前半～７世紀前半

◎アクセス　JR高崎線本庄駅から神泉総合支所行き朝日バス25分「神川中学校前」下車。徒歩約20分＊

平日毎時ほぼ１本（９時台なし）

◎問合せ　朝日バス本庄営業所　0495-21-7703

⑭ 青柳古墳群＝あおやぎこふんぐん

三〇〇基以上あった古墳は、今…

（神川町）

JR高崎線・本庄駅から

以前は、ＳＬ三重連のように、三つの円墳が並んで威容を誇っていた。今は大塚稲荷古墳だけは整備されて残っているが、ほかの古墳にはかつての姿はない。

　青柳古墳群は*神流川《かんながわ》の河岸段丘の上に広く分布、一〇支群で、かつては三〇〇基以上の古墳があった。次項の中新里諏訪山古墳をふくめて二基の*前方後円墳とほかの円墳からなりたっている。

　このうちいちばん大きい南塚原支群は直径四〇メートルの大塚稲荷古墳と全長約二五メートルの前方後円墳以外は直径一五～二〇メートル級の小円墳で、九三基が確認され、そのうち約一〇基が残っている。*埋葬施設の大半は胴張りのある両袖型*横穴式石室である。出土品としては日輪形の銀象嵌が施してある大刀や鍔に幾何学的な象嵌のある大刀など、貴重なものが見つかっている。

　いわゆる*群集墳の時代。強い権力者はいなくて、数多くのひとでコミュニティが運営されていた時代か。一〇〇年の間に三〇〇基ということは、一年に三基である。小さい古墳といえども、それだけの建造をしなければならないということは、コミュニティの親密さが絶対に必要だろう。

　やさしい、そして賢い神川のひとたち。古墳以外にもいろいろの文化を育んだ。

　神川町は、青柳古墳群が七世紀の後半まで、古墳群の支群のある城戸野《じょうどの》には八世紀前半（奈良時代）の古瓦を出土する城戸野廃寺（鑑真の弟子道忠の創建した緑野廃寺との説もある）、平安時代につくられた延喜式に名が出ている金鑽《かなさな》神社は一〇世紀前半には成立しているなど、古代ロマンにあふれたまち。

古墳は祖先崇拝、寺は外来宗教である仏教。

大塚稲荷古墳

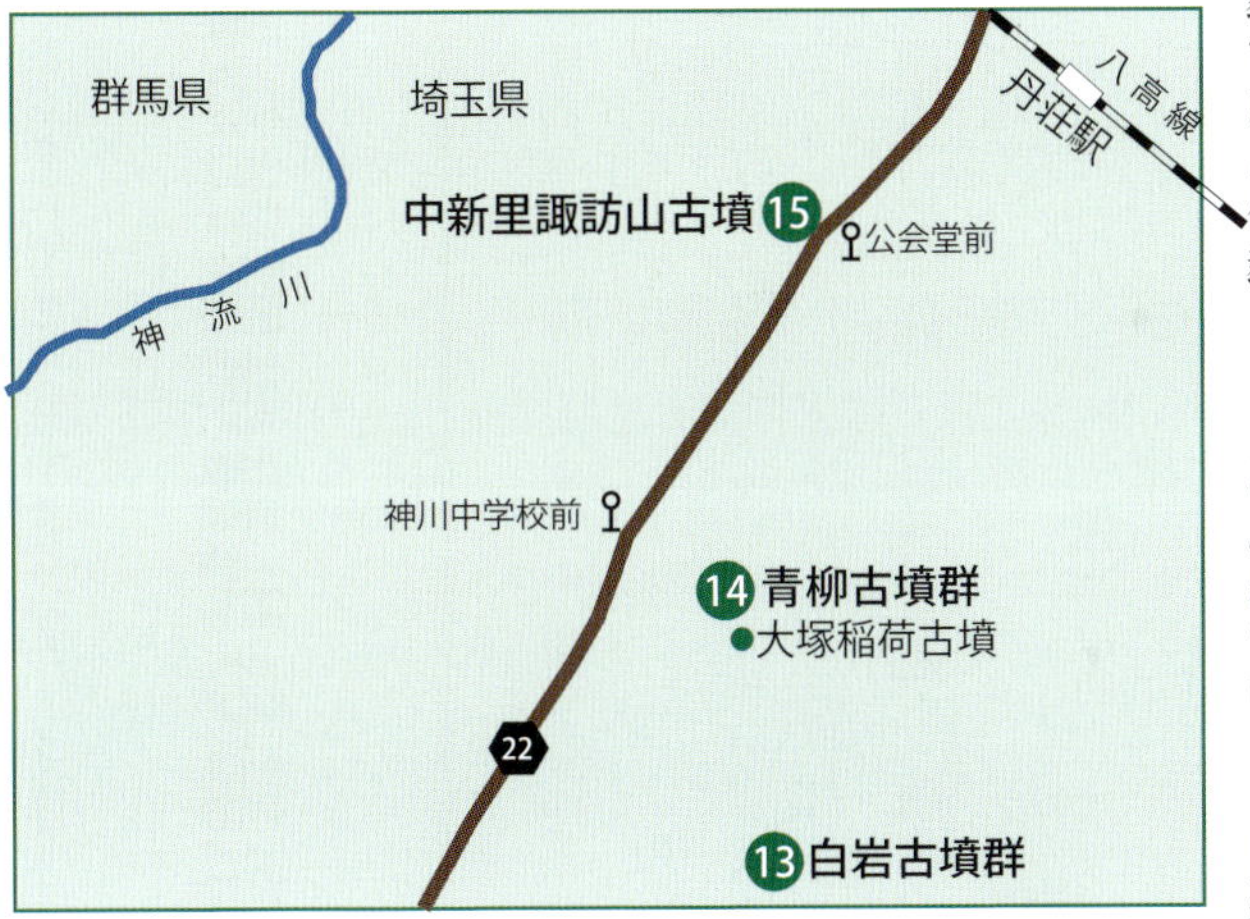

金鑽神社のご神体は、拝殿うしろの山。ヤマトの三輪大社、信濃の諏訪大社と同じく自然崇拝という日本の古代宗教史を考えるにふさわしいフィールド。

神川には、古代のそれぞれの時期のロマンがあふれている。見学を古墳だけで済ますのが、もったいない。

データ

◎所在　児玉郡神川町大字新里など（地図47・49頁）
◎形状＊　前方後円墳および円墳◎年代　6世紀前半～7世紀前半
◎アクセス　JR高崎線本庄駅から朝日バス神泉総合支所行き25分「神川中学校前」下車。徒歩すぐ
＊平日毎時ほぼ1本（9時台なし）
◎問合せ　朝日バス本庄営業所　0495-21-7703

15 中新里諏訪山古墳＝なかにいさとすわやまこふん

前方部は首長権の引継ぎ儀式の場所か

（神川町）

JR高崎線・本庄駅から

青柳古墳群の北塚原支群の北方である。神流《かんな》*川《がわ》の河岸段丘の上にあって、川までをゆっくり眺められる、いい場所にある。全長四二《メートル》のかわいい前方後円墳*である。

青柳古墳群の中で北塚原支群にあるこの中新里諏訪山古墳と南塚原支群にある南塚原九号墳の二基が前方後円墳である。

南塚原九号墳は、裾部や墳頂部が削平されて大変であるが、墳長二四・五《メートル》、墳丘上で埴輪*片が採集されて、横穴式石室*をもつものと考えられており、六世紀後半と推定されている。

そして、中新里諏訪山古墳は比較的保存状態がよく、盾形の周濠*が全体を巡っている。前方部が同じ高さで長く伸びているのは、削平があったかもしれない。

あるいは、この前方部が造られたときからのものとすれば、これは首長権の引継ぎ儀式の場所ではなかったか。明るく、楽しく、歌ったり、踊ったりで、前の首長を送った場所ではなかったか。

遺物は昭和十年（一九三五）頃に、馬具、直刀、勾玉*、切子玉*、須恵器などが出土したと伝わっている。築造年代は六世紀中頃とされている。

この古墳群の神流川のいちばんの上流部分には城戸野《じょうどの》支群があるが、ここは八世紀前半に「城戸野廃寺」があったところである。奈良時代の軒丸瓦が出土したことから道忠が創建した緑野寺と考えられているが、これは対岸の群馬県

鬼石町《おにしちょう》の浄法寺という説もあるようだ。

城戸野廃寺の創建は瓦から見て、八世紀前半と考えられている。

対岸は毛野《けぬ》＊という、神流川＊のすぐ近く、時代は埼玉《さきたま》古墳群の終わりに近い時期。川を渡るのは、どんな風であったのだろうか。文化の風か、戦いの風か。

データ

◎所在　児玉郡神川町大字中新里字森下（地図47・49頁）
◎形状　前方後円墳＊　墳長42㍍
◎年代　6世紀中頃
◎アクセス　JR高崎線本庄駅から朝日バス神泉総合支所行き約30分「公会堂前」下車。徒歩3分
＊平日毎時ほぼ1本（9時台なし）
◎問合せ　朝日バス本庄営業所　0495-21-7703

16 鷺山古墳 = さぎやまこふん

初期古墳の中で、最も見晴らしがよい

（本庄市）

JR高崎線・本庄駅から

女堀川《めぼりがわ》は、*利根川の支流である。当時、東京湾に注いでいた利根川を遡って、ここまで来るには、利根川の運んできた土砂の堆積がつくった川の中の*ラグーンに邪魔されて大変だっただろうが、この児玉地域に落ち着いて、初めての「古墳」を造ったヒトたちがいた。

その南にある初期古墳というと熊谷市（旧・江南《こうなん》町）の塩《しお》古墳群（90頁）だが、こちらは荒川流域なので、来た経路は大きく違うということになる。

鷺山古墳は大久保山丘陵と生野山丘陵の中間にある独立丘陵上に、丘陵そのものを利用し、その上に約四メートルほどの高さで盛り土して造られた児玉地域最古の古墳である。

前方部が低く、大きく開いた撥《ばち》形の形態をしていて、いわゆる初期古墳の特徴をもっている。

調査では、*埴輪や*葺石をまだ持たず、*周濠が墳丘を巡ることが分かった。くびれ部の周濠内からは、口縁に二個一対の透かし穴があけられ、外面全体が赤く彩色された、焼成前底部穿孔《しょうせいぜんていぶせんこう》の*二重口縁壺《にじゅうこうえんこ》やS字状口縁台付甕《じじょうこうえんだいづきかめ》などが見つかっている。

墳丘の形態と出土土器から築造時期は四世紀前半ごろとされている。

また、この丘陵は、この古墳ともう一つ、前方部の先のわずかに高くなったところに、*方墳の可能性のあるものをのせているらしい。

初期古墳での前方後方墳と方墳とのセット

は、山の根古墳（122頁）、権現山古墳群（152頁）などがあるが、こういうセットは何を意味しているのか。夫と妻か、主人と従者か、将軍と副将軍か…、想像すると楽しい。

今の風景と当時の風景は違うのだろうが、ほかの初期古墳と比べると、なにか、この古墳は三六〇度の見晴らしが楽しめるように思われる。

この古墳のヒトは開拓地のまんなかに、いつまでもいて、見晴らしを楽しみ、みんなを見守り、みんなに見てもらいたいと思ったのだろうか。

データ

◎所在　本庄市児玉町下浅見
◎形状　前方後方墳　墳長約60メートル
◎年代　4世紀前半
◎アクセス　JR高崎線本庄駅西口から朝日バス児玉折り返し場行き・22分・「高関」下車徒歩約20分
＊平日毎時ほぼ1本（9時台なし）
◎問合せ　朝日バス本庄営業所　0495-21-7703

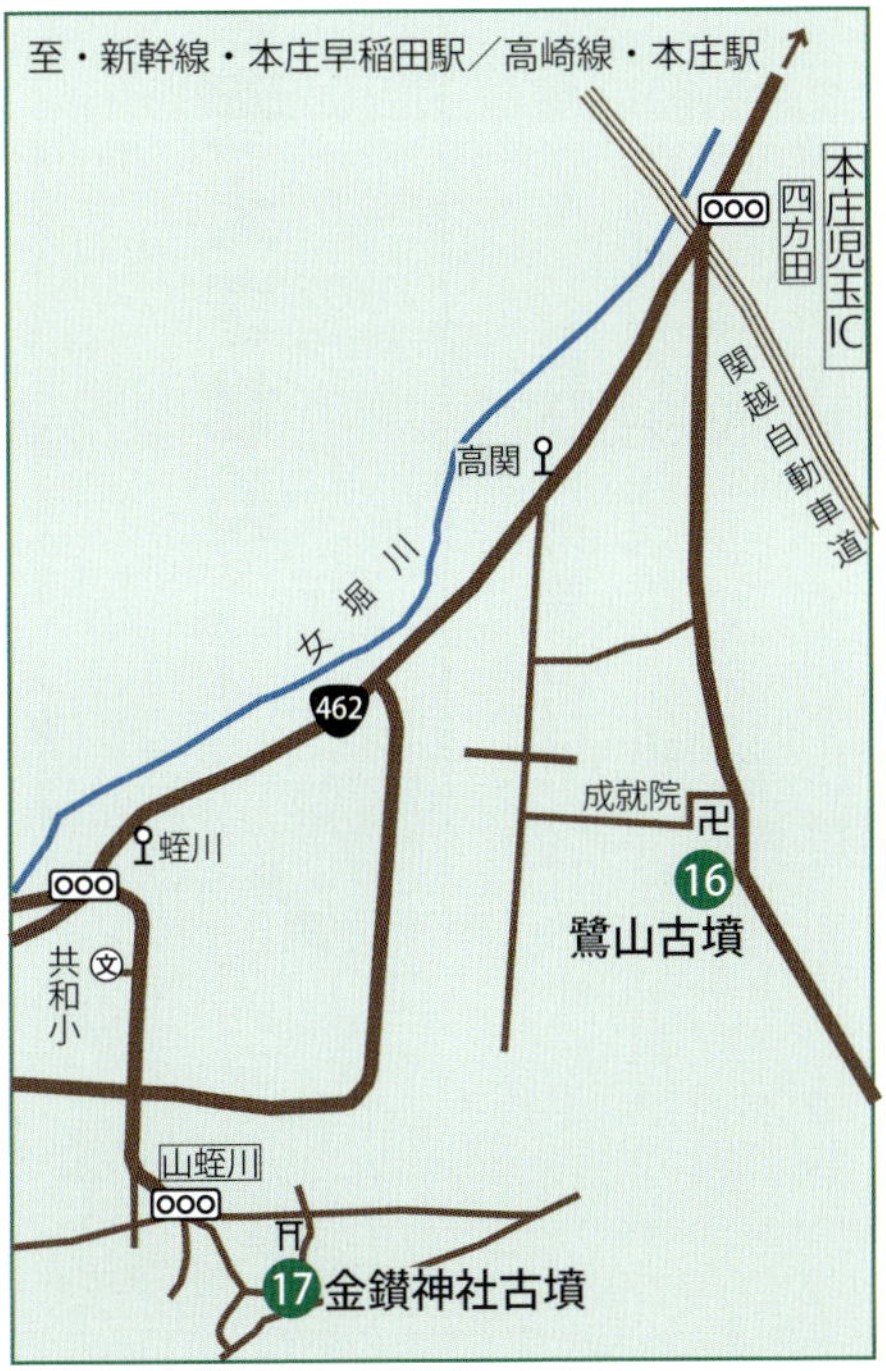

⑰ 金鑽神社古墳＝かなさなじんじゃこふん （本庄市）

五世紀中頃という時期を考えさせる

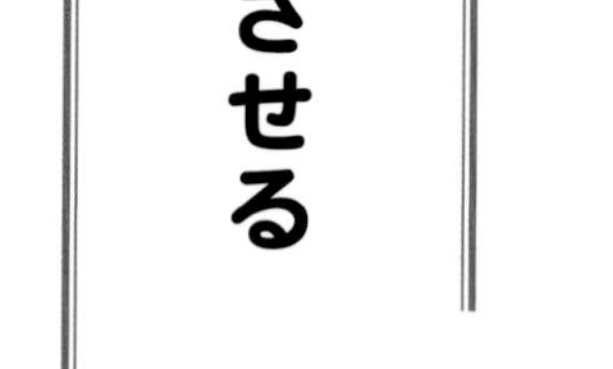

JR高崎線・本庄駅から

児玉地方で最大（径六九メートル）の円墳。時代は五世紀中頃とされている。

それまで奈良盆地に造られていた大型古墳が大阪の古市《ふるいち》、百舌鳥《もず》に移ってゆき、世界最大の墳墓、仁徳天皇陵、崇神天皇陵といわれる古墳が造られた時期が五世紀前半から中頃。

また地方でも群馬県太田市の太田天神山古墳（二一〇メートル）は五世紀前半から中頃、関東地方で二位・茨城県石岡市の舟塚山古墳（一八六メートル）は五世紀後半などという、大型古墳が造られた時期である。

埼玉県でいうと、埼玉《さきたま》古墳群の造立が稲荷山古墳から五世紀末に始まった時期の少し前である。その頃の古墳といえば、ちょっと早い四世紀後半の熊野神社古墳（円墳）、五世紀前半～中葉の長坂聖天塚古墳（円墳）、五世紀初頭の雷電山古墳（帆立貝式古墳）などという錚々たる名があげられるが、それぞれが、それぞれで、統一的な特徴をとらえることができないし、また、地域的連携の様相も見られない。豪族たちが個々に自分の力で造った古墳から、ヤマト政権をバックとしたネットワークが古墳造りにも影響してくる時代へ移行する時期である。

この金鑽神社古墳も、そのような時期に造られたものである。土器の焼き方について、縄文土器、弥生土器、土師器*は野焼きという「たき火」と同じ焼き方で六〇〇～九〇〇度の温度しか得られなかったのだが、五世紀前半頃に朝鮮

半島から伝わってきた須恵器は窯に入れて焼くので一〇〇〇度以上が得られ固く焼くことができるという違いがある。

　その新しい須恵器の焼き方を身につけた工人が、須恵器作りの「土器の裏面をたたいて固める方法」を使った埴輪*が、この古墳で出土しているが、その焼き方は野焼きのようである。

　昭和三（一九二八）年の社殿移築工事の際に主体部が発掘されて出た緑泥片岩*《りょくでいへんがん》の石材が拝殿前の参道や社殿改修記念碑などに使われている。墳頂にも大きな石があり、二基の主体部があるのかもしれない。

　遺物が石製模造品の刀子*《とうす》破片、埴輪破片ぐらいしか残っていないが、未発見の副葬品*がある可能性があり、初期古墳と埼玉《さきたま》古墳群時代との間の空白期を埋めてくれることを楽しみにしよう。

データ

◎所在　本庄市児玉町下浅見（地図53頁）
◎形状　円墳　径67メートル（造り出し付き円墳の可能性あり）
◎年代　5世紀中頃
◎アクセス　JR高崎線本庄駅から朝日バス児玉折り返し場行き約25分「蛭川《ひるかわ》」下車。徒歩15分
＊平日毎時ほぼ1本（9時台なし）
◎問合せ　朝日バス本庄営業所　0495-21-7703

18

若泉稲荷神社古墳＝わかいずみいなりじんじゃこふん

平地を代表して「古墳時代」を語る

（本庄市）

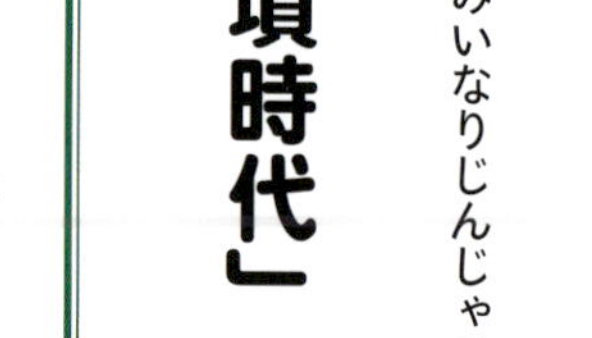

JR 高崎線・本庄駅から

小山川に合流し、利根川に注ぐ男堀川《おとこぼりがわ》に面する微高地に築造された前方後円墳*。長径約三八メートル、短径約二一メートル、高さ約二・五メートル。葺石*が確認され、墳頂に若泉稲荷神社をのせている。

そのほかの詳細は不明であるが、本庄と寄居を結ぶバス道路のすぐそばにありすぎて、つい見逃してしまいそう。

大正から昭和への時期に、前方後円墳では…との指摘があったが、その後は特に注目をあびていない古墳のようだ。しかし、まさに古墳らしい形をしており、古墳のマチ美里町の北、本庄市の南東部において、もっと関心を持ちたい古墳。

たしかに、この古墳のある北堀の北の西五十《にしいかっ》子《こ》古墳群には古墳が五二基、東五十子古墳群にも三二基の古墳があったようだが、あらかた、その姿を消しているし、南西部の大久保山、塚本山の上には多数の古墳が残っているが、山を下りては古墳が存在していない

地域である。だから、平地を代表して「古墳時代」を語ってもらわねばならない古墳である。

古墳の後円部に、神社がのっているスタイルの典型。前方後円墳であるとすると、後円部と前方部の高さの差が大きいから、古い時代の古墳である可能性もある。ひょっとすると、帆立貝式古墳であるかもしれない。また、大久保山にある宥勝寺北裏埴輪窯跡《ゆうしょうじきたうらはにわかまあと》との関係など、今後の調査で、いろいろのことが分かってくる可能性がある。

埴輪片が採取されたのは、だいぶ昔のことのようであり、どんなものか、見当がつかないが、これからも見つかるだろう。墳丘を発掘調査しなくても、周囲の調査によって周濠*が発見されて、古墳の情報が増えると、少しずつこの古墳の謎が解き明かされてくるだろう。

そんな楽しみのある古墳を、自転車のペダルを踏みながら、あるいは車窓から、眺めてください。

データ

◎所在　本庄市北堀
◎形状　径約38メートル　前方後円墳または帆立貝式古墳*
◎年代　不明
◎アクセス　JR高崎線本庄駅南口から武蔵観光バス・寄居車庫行き・10分・「北堀」下車。徒歩すぐ
＊バスは1日6本
◎問合せ　武蔵観光バス　0494-62-2020

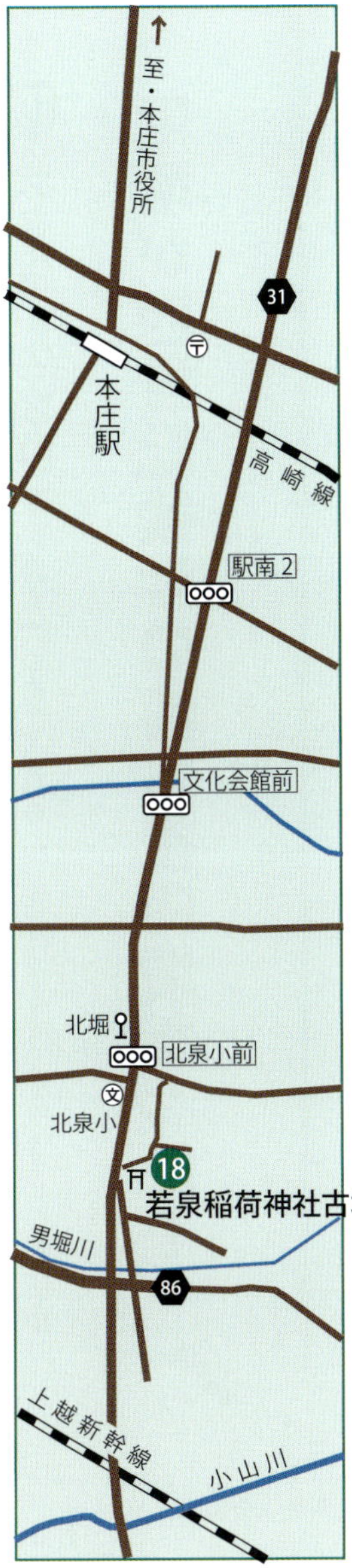

19 大久保山古墳群＝おおくぼやまこふんぐん

円墳が四世紀後半の前方後円墳だった！

（本庄市）

JR高崎線・本庄駅から

本庄市の南、上越新幹線・本庄早稲田駅のある大久保山丘陵、その早稲田大学校地の中に古墳群がある。

大久保山古墳群には、前山一号墳、二号墳、東谷《ひがしやつ》古墳があったが、二号墳は新幹線建設の際に消失した。その際の調査では四三・七メートル×三八・三メートルの長方形の*方墳であると推定された。

主体部としては墳頂に粘土槨が発掘され、*刀《とう》子《す》三、鉄鎌二、錐《きり》一、鉋《かんな》一、朱少量が見つかった。

遺物に、錐とか鉋とかがあるということは、建築関係者が被葬者なのか？

土器は和泉式最古段階のもので、*埴輪がないことから五世紀前半の築造と考えられている。

一号墳は平成十六～十八年に本庄市で確認調査を行い、それまで円墳と見られていたのが全長七〇メートル以上の*前方後円墳と分かった。後円部周囲と前方部側面に巡っている堀から採取された土器は四世紀後半のものと推定されている。古墳の墳頂部は未調査で*埋葬施設、*副葬品は不明である。

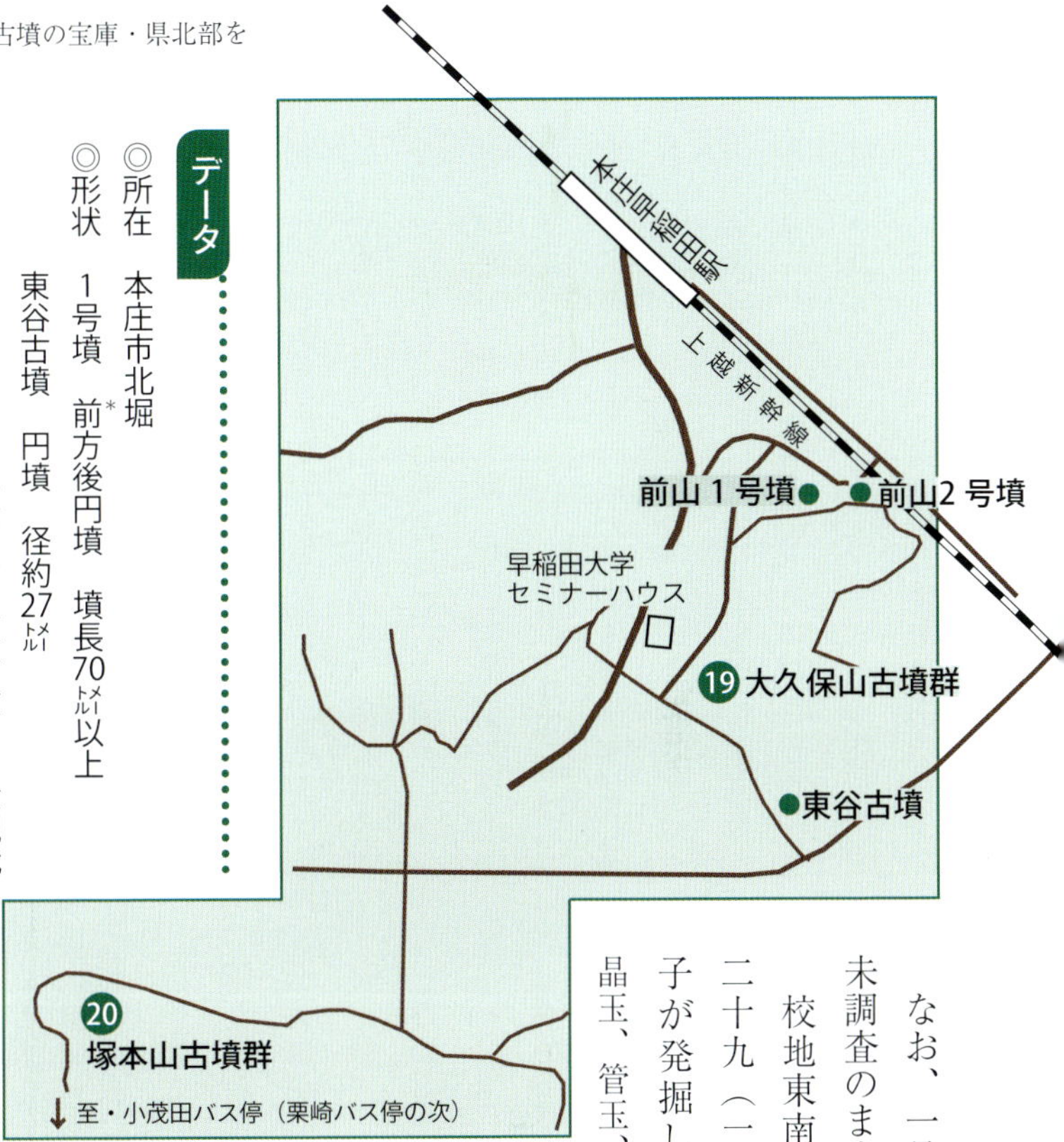

なお、一号墳南西側には小さい三基の円墳が未調査のまま残っている。

校地東南には東谷《ひがしやつ》古墳がある。これは明治二十九（一八九六）年に近くの琴平神社の氏子が発掘し、埋蔵品七点（剣、鍔、金環、水晶玉、管玉、人骨片、瓶）が見つかったという記録がある。発掘調査では、横*穴式石室の側壁に榛名山起源の*角閃石安山岩《かくせんせきあんざんがん》が使われていることも判明している。

径約二七メートル、高さ三メートルの円墳。横穴式石室が開口していたが、今も側壁、奥室と天井石の一部が残っている。石室は胴張りのある横穴式石室、石室の構造と埴輪がないことから七世紀代の築造と考えられている。

これまで円墳と思われていた一号墳が前方後円墳、しかも四世紀後半という古い前方後円墳であったということに感激する古墳群である。

データ

◎所在　本庄市北堀
◎形状　1号墳　*前方後円墳　墳長70メートル以上
　東谷古墳　円墳　径約27メートル
◎年代　1号墳　4世紀後半、東谷古墳　7世紀代
◎アクセス　JR高崎線本庄駅南口から武蔵観光バス寄居車庫行き約12分「栗崎」下車　徒歩約15分
＊バスは1日6本
◎問合せ　武蔵観光バス　0494-62-2020

20 塚本山古墳群＝つかもとやまこふんぐん（美里町）

総数一八〇基。あれも古墳、これも古墳

JR高崎線・本庄駅から

本庄市と美里町の境界線となる大久保山の北側には前項の大久保山古墳群、南側には美里町の塚本山古墳群。今は、ほとんどが早稲田大学校地の中。保護の面では行き届いているが、それにしても、ものすごい数である。あれは古墳かなぁではなく、あれもこれも、古墳。

昭和四十九（一九七四）年に関越自動車道路建設に伴う調査が行われ、円墳二九基のほか、方形周溝墓*九、弥生時代の竪穴住居跡などが発見された。

方形周溝墓の中には低墳丘をもち、平面形が前方後方系のものも見られ、初期古墳との関連も注目されている。円墳は、すべて模様積みの横穴式石室*をもち、県内でも特徴のある古墳群といえるだろう。総数約一八〇基、方墳*が二基含まれているが、前方後円墳*はなく、円墳を主体とした大古墳群といえるが、その前期に方形周溝墓が造られているのは、ほかにないのではないか。

方形周溝墓から後期円墳（五世紀後半から八世紀初頭）への流れも知りたいところである。細かく見ると、一群としては一〇～一三基と考えられ、この最小単位群は、当時、農業を営む場合の基本的結びつきとして、有力家長層の墳墓群とする考え方もあるらしい。

これだけあると、古墳を造った家族も平和な家族ばかりではなかったのではないか。口うるさい頑固おやじもいただろうし、ぐうたら息子

もいただろう。

古墳を造るときも、死者に敬意を表しながら造ったものばかりではなかっただろう。「さあ、ようやくオレの代になったぞ。これからは好きなようにやらせてもらうぞ」なんて、親不孝息子の独立のモニュメントである古墳などもあったのではないか。ホノボノ家族の記念碑も、ギスギス一家のモニュメントもあるだろう。千数百年前のイエ、イエの事情が、土の中に眠っている。

データ

◎所在　児玉郡美里町大字下児玉（地図59頁）
◎形状　円墳、方墳（方形周溝墓）
◎年代　5世紀後半～8世紀初頭
◎アクセス　JR高崎線本庄駅南口から武蔵観光バス寄居車庫行き約15分「小茂田」下車。徒歩20分
＊バスは1日6本
◎問合せ　武蔵観光バス　0494-62-2020
＊大久保山古墳群と合わせて巡るとよい。

☆古墳ファンのために、残って欲しいお店☆

《本庄駅前サイクルセンター・矢代》

奇跡的に自転車を貸していただけるのは、JR高崎本庄駅前、駅前の一つ目の信号のそば。一年中、ほとんどの日、貸していただけます。

合併された児玉町も含めての本庄市内、上里町、美里町などの古墳をめぐるときに、大変ありがたい自転車屋さんです。しかも一日お借りして500円は泣けてきます。

問合せ　0495-22-4036

21 長坂聖天塚古墳＝ながさかしょうてんづかこふん（美里町）

埋葬施設が六基も！　県内でも珍しい

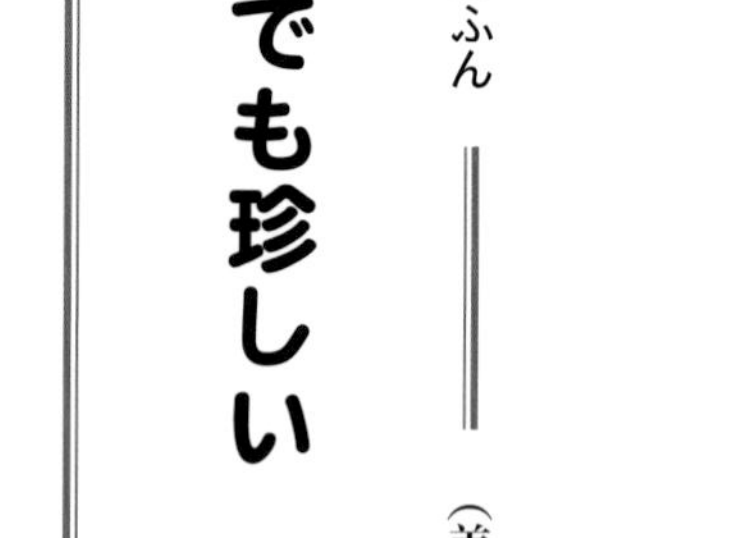

JR高崎線・本庄駅から

古墳のまち、美里町での古墳の始まりは、志戸川流域の南志渡川遺跡の四号周溝墓（前方後方形・四世紀中葉）であるが、この長坂聖天塚古墳はそれに続く四世紀後半から五世紀初頭に築造された、まさに「古墳としての始まり」の古墳といえるだろう。

諏訪山丘陵の西の裾の小台地に独立して築造された円墳である。古墳の前方には、*利根川支流の小山川へ合流する志戸川が流れている。

長坂聖天塚は径五〇メートル、高さ五メートル。*埋葬施設は粘土槨三、木棺直葬三の計六基。

第一主体部　粘土槨、長さ七メートル、幅〇・六メートル。*副葬品は菱雲文様《りょううんもんよう》変形*方格規矩鏡《ほうかくきくきょう》という直径二二・五センチの県内最大の鏡、石製*刀子《とうす》（ナイフ）などの石製模造品、臼玉六四・五個、*勾玉三七個など。

第二主体部　木棺直葬、長さ五メートル、幅〇・五五メートル。副葬品は滑石製臼玉二五一個、勾玉七個。

第三主体部　粘土槨、長さ四・三メートル、幅〇・五メートル。副葬品はなし。

第四主体部　粘土槨、長さ四メートル、幅〇・四メートル。副葬品はなし。

第五主体部　木棺直葬、長さ五・〇五メートル、幅〇・五七メートル。副葬品は滑石製刀子九、勾玉三〇個、臼玉二九四、ガラス小玉一七。

第六主体部　木棺直葬、一部破壊されているが長さ五～五・五メートル、幅〇・九七メートル。副葬品は獣形鏡、滑石製刀子五、鉄片二。

底部穿孔の土器片、五領式の甕形土器片、和泉式の高坏形土器片が出土し、四世紀後半から五世紀初頭の築造時期が考えられている。

墳頂部に埋葬施設が六基もある多槨墓は県内でも珍しく、この六人はどういう関係なのか、六代にわたる盟主なのか、家族六人なのか、いちばん大きい主体部の主がいちばんえらいのか、向きの違うのが一つあるが、それは別の系譜のヒトなのか、埋葬された六人の人間関係が大きなナゾである。

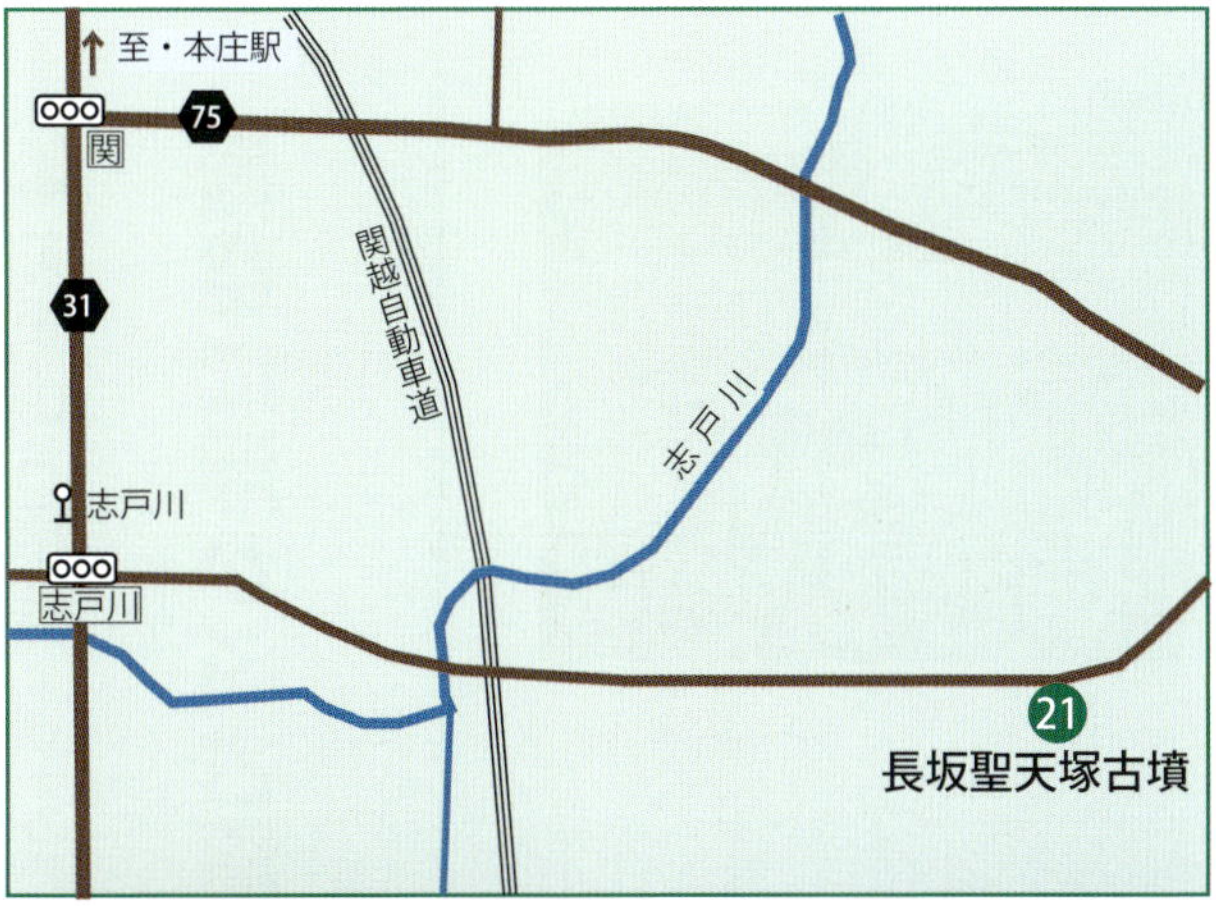

データ

◎所在　児玉郡美里町大字岡
◎形状　径50㍍の円墳
◎年代　4世紀後半から5世紀初頭
◎アクセス　JR高崎線本庄駅南口から武蔵観光バス寄居車庫行き17分「志戸川」下車徒歩15分
＊バスは1日6本
◎問合せ　武蔵観光バス　0494-62-2020

22 羽黒山古墳群＝はぐろやまこふんぐん（美里町）

青空に浮かぶ古墳群

JR 高崎線・本庄駅から

　丘陵の下から仰ぎ見ると、土地と青空のはざまに古墳が浮いている。向かって右側が羽黒神社の森。その中に二つの古墳がある。そして、左側には、青空に浮かぶ古墳が三基、四基。

　松久丘陵という標高一一〇メートル前後の独立丘陵の尾根の上に、以前はもっと多くの古墳が並んで、青空に浮かんでいたらしいが、いまは数基。古墳群全体では一三基が確認されている。主墳と思われるのは、羽黒神社の社殿をのせている羽黒山古墳で、直径三〇メートル、高さ四メートルとかなり大きく、葺石*がめぐっている。埋葬施設*は明らかでないが、横穴式石室*と推定されている。

　ほかの古墳は直径一五メートルぐらいのもの。付近にある石材や埴輪*などからみて、横穴式石室を主体部として、円筒埴輪をもつものとされている。

　桑畑の中に、「あっ、これも古墳か！」というような姿で、しかも下から見ると、まさに青空に浮かんでいるように、古墳が続いている。

ここ美里町は、古墳のまち。まちの北には塚本山古墳群、南に回ると長坂聖天塚から普門寺古墳群。西は、この羽黒山古墳群、広木大町古墳群、秋山古墳群、ほかにゴルフ場に取り込まれている生野山と諏訪山の二つの古墳群。

長坂聖天塚が五世紀のモノである以外は、六世紀後半、つまり古墳時代後期の古墳。

いまは八高線の無人駅と一日何本かの路線バスしかないけれど、かつてのこの地は、大宮や浦和も「そこのけ」の繁栄を誇っていたに違いない。

そののちの時代の条里遺跡、式内社、万葉遺跡、鎌倉時代には鎌倉の寺院に瓦を供給した水《み》殿瓦窯跡《どのかわらかまあと》と歴史は続く。

遠い未来に、宇宙人が地球を訪ねるときまで、この古墳群が空に浮いていてくれるといいですね。

データ

◎所在　美里町大字白石字羽黒
◎形状　円墳群
◎年代　5世紀後半~8世紀初頭
◎アクセス　JR高崎線本庄駅南口から武蔵観光バス・寄居車庫行22分「野中」下車　徒歩約1キロ
＊平日1日6本
◎問合せ　武蔵観光バス　0494-62-2020

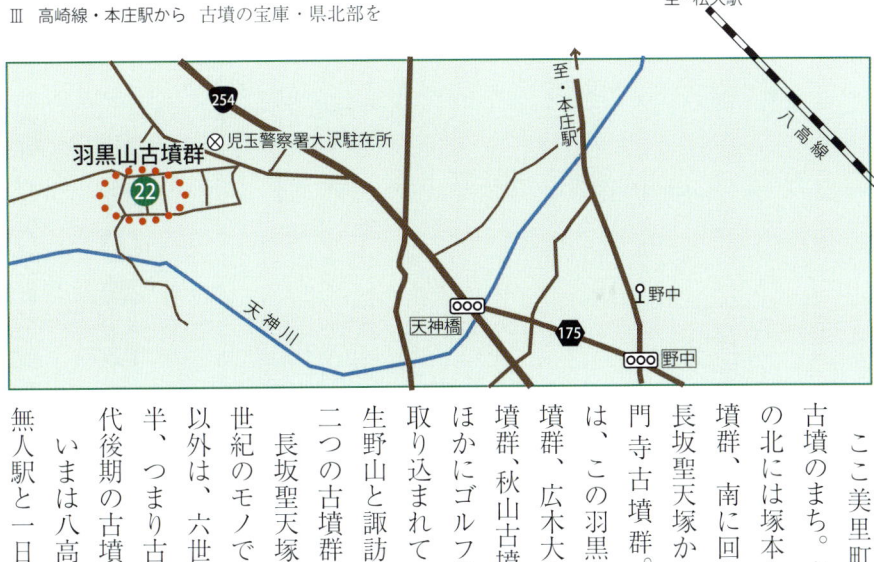

23 広木大町古墳群＝ひろきおおまちこふんぐん

（美里町）

お酒の神社と可愛い古墳

JR 高崎線・本庄駅から

　埼玉《さきたま》古墳群でいちばん小さい前方後円墳*は駐車場の近くにある愛宕山《あたごやま》古墳、全長五四・七《メートル》である。ところで広木大町古墳群の大町両子塚《おおまちふたごづか》は二八《メートル》と、おおよそ半分。可愛い、可愛い。それでも前方後円墳。

　二〇〇基以上もあった古墳が、いまでは両子塚と円墳七基しか残っていない。子孫がこんなことをしていいのか。せめて、古墳群のイメージぐらいは残すのが祖先への義理人情ではないか。

　両子塚にはそばの摩訶《まか》池の完成のときに、人柱となった「みか神社」の神職と巫女の二人をしのんで、丘二つの塚を築いたとの伝説がある。

　この辺り、広木は『和名抄《わみょうしょう》』（平安中期・九三八年成立）にいう那珂郡弘紀郷であって、両子塚の近くにある「みか神社」は『延喜式《えんぎしき》』に載っている式内社。「みか」とは酒をかもす大型の「かめ」のこと。

　この神社の祭祀は古式によると、秋の例祭にその年にとれた米によって濁り酒を二個のかめにつくって神前に奉納し、一つは翌春に参拝者に分与し、もう一つは翌秋に分与するというもの。現在は清酒が奉納され、これを御供物として参拝者に分け与えている。

　そういう、全国でも珍しい祭祀と、当然、古墳群を造ったヒトたちは深い関係があったはず。そのヒトたちのつくったお祭りを守るなら、古墳も守ってほしい。

古墳は六世紀前半から七世紀後半頃までという*群集墳全盛の時代の築造。石室内の遺物は少

広木大町古墳群の可愛い円墳群

なかったが、特別な*副葬品としては、鐔《つば》にハート形の文様の象嵌が配されている大刀、鈴付き楕円形鏡板付轡《くつわ》、環状鏡板付轡、圭頭《けいとう》大刀などが含まれている。

　この古墳群を造ったヒトたちは、酒づくりの氏族だったのだろうか。酒が大好きなヒトが多くて、珍しい祭祀を残したのだろうか。

　古墳のそばで濁り酒をうまそうに味わう古代の人々の姿を、想像しながら、私たちも乾杯しよう。

データ

◎所在　児玉郡美里町大字広木（地図69頁）
◎形状　前方後円墳1、*帆立貝式前方後円墳2、円墳、*方墳
◎年代　5世紀中頃から7世紀後半
◎アクセス
①JR高崎線本庄駅南口から武蔵観光バス寄居車庫行約25分・「野中」下車　徒歩20分　＊平日1日6本
◎問合せ　武蔵観光バス　0494-62-2020
②JR八高線・松久駅から徒歩20分

24 秋山古墳群 ＝ あきやまこふんぐん

小山川へのゆるやかな緑の斜面に

（美里町）

JR 高崎線・本庄駅
JR 八高線・児玉駅 から

小山川の右岸に秋山川が注ぎこもうというところ、道のすぐそばの高い畑の上に開口している秋山庚申塚古墳。そこから川までの緑の斜面に古墳が点在している。

東側の美里町に広木大町古墳群があり、小山川の対岸には、本庄市（旧・児玉町）長沖・高柳古墳群があるという環境である。

かつては秋山川を挟んで八九基の古墳が確認されていた。現存は八基という。

東の丘陵にある諏訪山古墳という*前方後円墳は立地上、この古墳群に入れないほうがよいと思われる。

主墳は庚申塚古墳（見かけの径一六メートル、高さ五メートルの円墳）である。昭和六十二（一九八七）年の調査では、*二重周濠を巡らした外縁径約七四メートル、*埴輪は円筒、朝顔形、人物・動物・器・家の形象埴輪の破片が出土。

*副葬品には鉄地金銅張《てつじこんどうばり》*雲珠《うず》などの馬具、大刀

松久駅

片四、鐔《つば》四、鉄製飾弓金具、耳環九、*勾玉六、ガラス丸玉五八などがあった。時期は六世紀後半で、三回の追葬が行われていることが想定されている。

石室は胴張りのある横穴式で奥室には結晶片岩系の巨石が使用され、側壁は模様積みされている。その丹念な積み方、それは、石室の天井石の隙間からのぞいて確かめられる。

今の私たちのもつ細やかな神経は、古墳時代の人たちが培ってくれた伝統ではなかろうか。石室の模様積みに使った細やかな神経を考えること。そして、小山川への緩やかで、気持ちがよい緑の斜面を見ること。小さな古墳群ではあるけれど、この大きな楽しみが二つもある。

データ

◎所在　本庄市児玉町秋山
◎形状　円墳8基
◎年代　6世紀後半～7世紀初頭
◎アクセス
①JR高崎線本庄駅南口から朝日バス「児玉折り返し場」行き25分終点下車、徒歩15分
＊平日毎時2本（10時台1本）
◎問合せ　朝日バス本庄営業所　0495-21-7703
②JR八高線児玉駅から徒歩20分

25

旭・小島古墳群＝あさひ・おじまこふんぐん（本庄市・上里町）

川を挟む部族の文化の違い

JR高崎線・本庄駅から

「おー、驚きの文化財破壊！」本庄市の区画整理事業地分では、何と約一〇〇基あった古墳のうち、残ったのは、たった四基。しかし、これは破壊ではないのだ。例えば、古墳をつぶしても、調査報告書という「記録」さえ作ってあれば、それは破壊ではなくて、「記録保存」というのだそうだ。

北の利根川*に向かってなだらかに傾斜してゆく土地に、五世紀前半から六世紀後半までに造られた群集墳*。数が多すぎた。ひとつ位ならよかろう…、そんなことでなくなってしまった九六基。

たしかに四基は残っている。しかし、一基は、これで残したほうに入れるのか、という位で、墳丘が残っているのは三基と考えたい。なくなったのは古墳群。そういう面影が三基残っているだけで、想像できますか。ムラの姿が想像できるのには、何基残さねばいけないのか。文化財保護法の内規としても、何パーセントとか基準を作って、それだけは残してほしい。「古代」を残すためには、その子孫の現代人も、多大の犠牲を払うべきではありませんか。

本庄市分では、前方後円墳*一、帆立貝式古墳二、後期の方墳*二七、ほかは円墳であった。

墳丘が残っている山ノ神古墳は円筒埴輪、形象埴輪。蚕影山《こかげやま》古墳は須恵器、万年寺八幡山古墳は箱式石棺*、方墳が道路で破壊されて二五パーセントほどしか残っていない万年寺つつじ山古墳は滑

（上）山ノ神古墳（下）蚕影山古墳

石製模造品。なくなった御手長山古墳は*挂甲《けいこう》、直刀、*鉄鏃《てつぞく》、馬具など、本庄市のマスコット「はにぽん」の出た前の山古墳からは耳環、ガラス玉など。上里町分の浅間山古墳は、中山道に面し、石室も開口していて親しみぶかい。耳環、玉類、直刀、鉄鏃、銅鋺などが出た。

　石室に使われている石材は主に*榛名山二ツ岳から六世紀に噴出した*角閃石安山岩《かくせんせきあんざんがん》で、これは利根川の両岸で使われているが、石室の形は川の北のタイプは長方形、川の南のタイプは細長く、丸みをもった胴張り形が多いという地域的特徴があるらしい。

　川を挟む部族での些細な違い、それが、部族、部族での文化の差が生じるスタートだったのかもしれない。

データ

◎所在　本庄市小島2～4丁目・下野堂、児玉郡上里町大字神保原
◎形状　本文参照
◎年代　5世紀後半～8世紀初頭
◎アクセス
①JR高崎線本庄駅から徒歩30分で古墳群、そしてあと徒歩30分で神保原駅
②本庄駅東口・正面一つ目の信号の傍・サイクルセンター矢代で自転車を借りる。1日500円・ほぼ毎日営業
◎問合せ　0495-22-4036

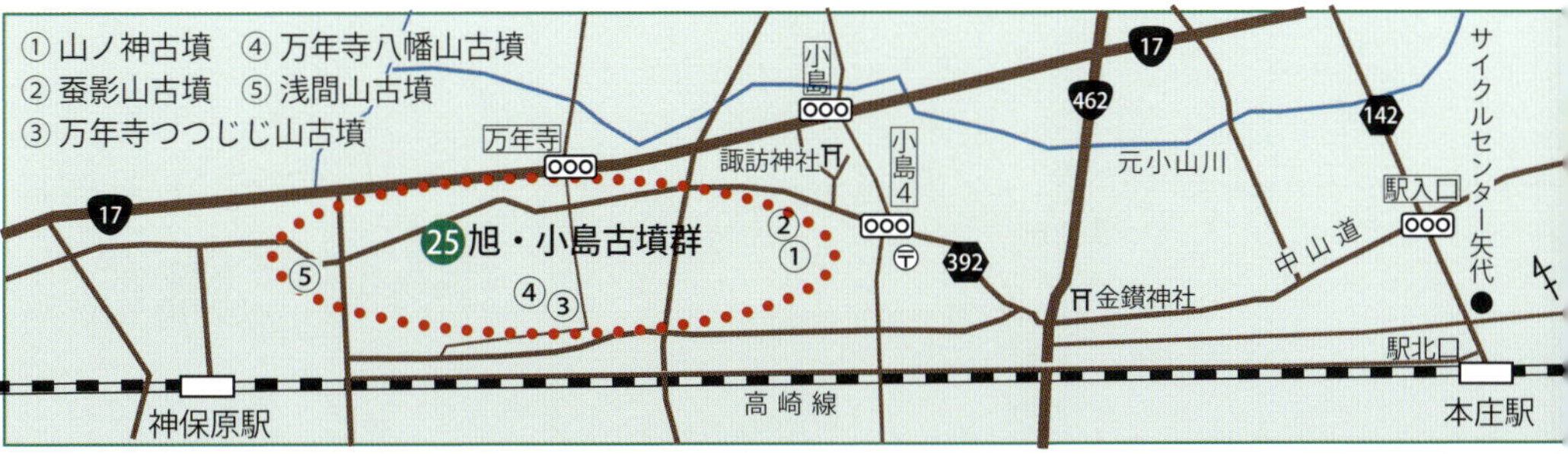

26 帯刀古墳群＝たてわきこふんぐん

幻の武蔵のもののふ、ここにあり

（上里町）

JR高崎線・本庄駅／神保原駅 から

帯刀とは、木曽義仲の父・帯刀先生源義賢《たてわきせんじょうみなもとのよしかた》のこと。伝説では、義賢は武蔵嵐山で、甥の悪源太義平《あくげんたよしひら》に襲われ、ここまで逃げのびて死んだという。

このような伝説を育んだ人たちの思いが、この古墳群に幻の武人を生み出したのではないか。

福昌寺の境内の古墳に生えた木の葉陰が、まさに、時代は違うが、その武人の姿のようだ。本堂の屋根に競う高さ。古代のヒトの怨念が風に揺れている。

そのほか、上越新幹線のすぐそばとか、畑の中とか、今は個人の墓地となっている土地など、あちこちに古墳が残っている。ここは*神流川《かんながわ》の右岸自然堤防*の上。東西九〇〇メートル、南北一キロの範囲に現在二七基ほどが残っている。その中でいちばん大きいのが福昌寺の境内のもの。前方*後円墳ではないかともいわれている一基を除いて、すべて円墳である。

発掘調査された古墳からは、胴張りのある横*穴式石室が確認され、副葬品*は直刀・勾玉*・金環・ガラス小玉などがある。

八世紀前半には、少し北の現在の関越自動車道・上里サービスエリアの近くの五明《ごみょう》に寺院が造られた。この五明廃寺の瓦は群馬県の上植木廃寺や寺井廃寺出土の軒丸瓦と同じ型でつくられており、上野国《こうづけ》の強い影響があるといわれている。

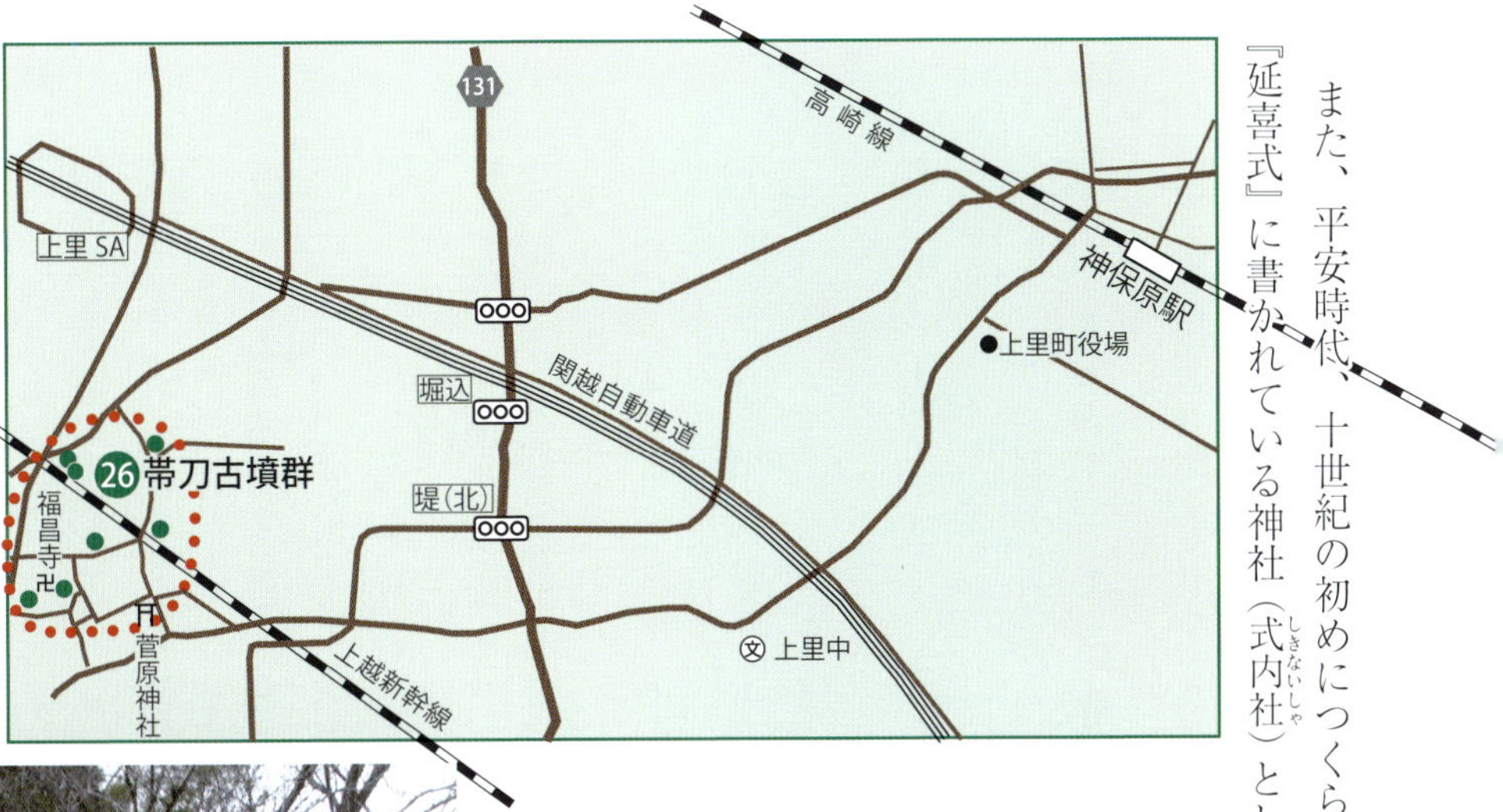

また、平安時代、十世紀の初めにつくられた『延喜式』に書かれている神社（式内社《しきないしゃ》）として、五明には今城青坂稲美《いまきあおさかいなみ》神社であったといわれる天神社、南の方には長幡部《ながはたべ》神社などがあって、ここもまさに古代の文化の繁栄が何百年も続いた中心地であったのだ。

その背景には、神流川のもたらす自然の恵みと、人々の勤勉さがつくりあげた生活の豊かさがあったと推測できる。

データ

◎所在　児玉郡上里町大字帯刀字宿ほか
◎形状　前方後円墳*らしいもの1基　円墳27基が現存
◎年代　6世紀中葉前後から7世紀代
◎アクセス　JR高崎線神保原駅から徒歩約40分、本庄駅から徒歩約1時間30分

column

古墳の楽しみ方（その1）

他の方の楽しみ方を知ることによって、さらに、楽しみが深まりますように、広がりますように。

私の周りの方の楽しみ方をちょっとばかりご紹介させていただきます。

＊　＊　＊

◉福永信彦さんの場合

（元衆議院議員・さいたま市居住）

小さいときから「歴史」が好きでした。小学五年のとき、はじめて古墳を見ました。埼玉《さきたま》古墳群でした。すごい！　と思いました。それが、私の古墳初体験でしたね。

私の古墳を見る楽しみは、まずは「古墳を見つけた！」といううれしさが味わえることです。

そして、古墳が出来た当時の姿や、今に至るまでの地元の方々に大切にされてきたことを含めての時の流れなどを想像することが楽しいですね。

あの世とこの世との関わり合い、鳥の埴輪*は、鳥があの世とこの世をつないでいることを信じていたからなのか…。

宝器を惜しげもなく、埋葬していますが、再生を信じていたのか。古墳の前方部の役割とは何のために造ったのか、祭祀の場所なのか…。

何しろ、分からない、不思議なことばかり。

逆に、いろいろ、想像できる、考えさせられる。そういうところだから、古墳が好きなのでしょうか。

福永信彦さんの選んだ埼玉の古墳ベスト10（順不同）

○野本将軍塚古墳（東松山市）
○丸墓山古墳（行田市）
○三変稲荷神社古墳（川越市）
○権現山古墳群（ふじみ野市）
○八幡山古墳（行田市）
○永明寺古墳（羽生市）
○中新里諏訪山古墳（神川町）
○塩古墳群（熊谷市）
○熊野神社古墳（桶川市）
○大塚豊明神社古墳（杉戸町）

＊　＊　＊

福永さんのような古墳ファンが、いつまでも政界にいてほしかった。日本の未来も安泰であるだろうにと思います。

うらやましいのは、福永さんの古墳めぐりは奥さまとのご同行が多いらしいこと。

IV

高崎線沿線とその周辺に

興味深い古墳がいっぱい

27 木の本古墳群＝きのもとこふんぐん

個人のお宅に、畑に、神社の中に

（深谷市）

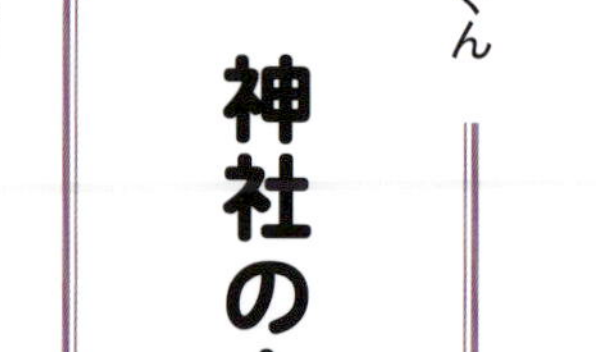

JR 高崎線・深谷駅から

利根川に流れ込む福川を東に眺める櫛挽が原《くしひきがはら》の台地に点在する古墳群。

一つの古墳群にまとめるには大きすぎる気もするが、かつては「四十人塚」とか、「幡羅《はら》十八塚」といわれてきた古墳群である。前方後円墳*（消滅）を中心に数多くの小円墳があったが、今はわずかに一六基が残り、そのうち一二基が市の指定史跡となっている。ほとんどが稲荷、天神、浅間などの小祠を頂上に祀っている。そのために消滅の難を免れたのであろう。

楡山《にらやま》神社は式内社《しきないしゃ》で、平安時代の『延喜式《えんぎしき》』の「神名帳《しんめいちょう》」という、当時の神社のリストに含まれている由緒があるもの。古墳を造った人々は、のちの代にわが先祖を古墳に葬って祭ったのかは、実はわからないが…。

当時のヒトが「祭る」というのは、何か？という難問がある。大きな力を持っているカミサマに祟りがないようにしてくださいとか、何かの奇跡を起こしてくださいとか、「お願い」するためにご機嫌を取り結ぶのが「祭る」ことなのか。自分の先祖が死んで、

木の本３号墳

そういうチカラを得てカミサマとなったのを「祭る」のか。

今まで、自分の先祖をカミサマとして祭っていたのが、地域のカミサマを祀ることへの大きな変換をスムーズに理解できたのだろうか。

この辺りの地名、「ハラ」は律令制の頃の幡羅郡（渡来人とも関係ありそうな名前だが…）の名残であるという説もあり、その郡衙*が置かれていたのではないかともいわれている。

古墳、式内社、郡衙とこの地に古代には文化、権力の地域拠点だったことを示す遺跡が続いているのは、利根川の支流・福川の流域に立つ台地という、恵まれた自然条件にもよるのだろう。

個人のお宅の敷地の中に、かなり大きな円墳が二つもあって、大切にしていただいているし、古墳は、今も、神社や畑の中に、人々の暮らしの中に生きている。

直刀、金環、埴輪*（人物、馬、靭、大刀）などが出土している。

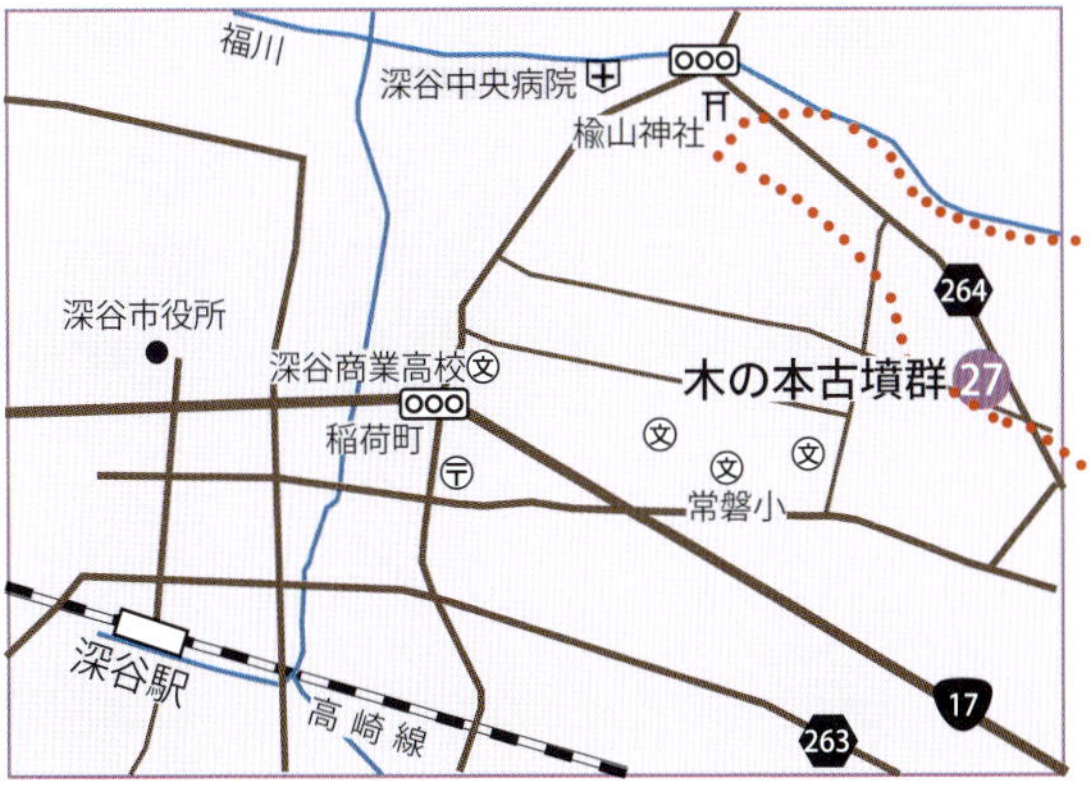

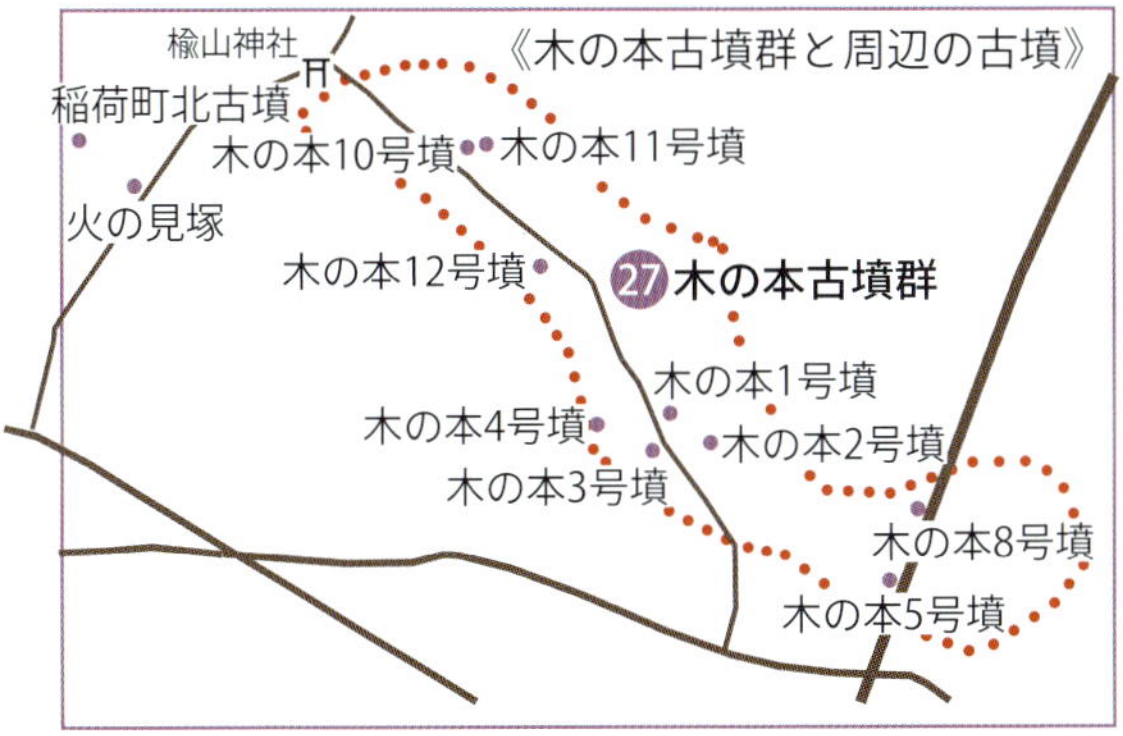

データ

◎所在　深谷市大字原郷・東方
◎形状　円墳10基以上残存。木ノ本10号墳は帆立貝式前方後円墳か造り出し付き円墳の可能性あり
◎年代　6世紀中葉から後半
◎アクセス　JR高崎線深谷駅から火の見塚まで徒歩20分。
＊全周約2時間
◎問合せ　武蔵観光バス　0494-62-2020

28

寅稲荷古墳＝とらいなりこふん（深谷市）

古代のメインストリートを歩く

「トラ」と「稲荷＝キツネ」、なんとなく面白い。そして場所は「四十塚」ともいうが、「四十坂」ともいうようで、四十坂というと、人間が四十歳になって、えっちらおっちら、坂を登ることと関係あるのかなあ。この地名も面白そうだ。

児玉、美里の方から流れてくる小山川が利根川に流れ込むところ、中山道のそばにあるのが、この古墳。かつてはこの周囲に八〇基ほどの古墳があったというが、今は御手長山《おてながやま》古墳など数基を残すのみである。

寅稲荷古墳の*埋葬施設は、群馬県*榛名山二ツ岳噴火による*角閃石安山岩《かくせんせきあんざんがん》を使った*横穴式石室と考えられるが、調査は行われていない。*周濠からは円筒埴輪、形象埴輪（人物・馬・家など）が出土している。

この四十坂（塚？）古墳群からの主な出土品はパリのギメ美術館に寄贈された五鈴釧《くしろ》（釧は腕輪）や、横矧板鋲留短甲《よこはぎいたびょうどめたんこう》（前の胴を開いて着脱する短いよろい）で金銅装鋲を使っている

JR高崎線・岡部駅から

ものなどがあるが、比較的、馬具が多いように思われるのと、近くの第一〇号古墳の付属土壙《どこう》（消滅）内からは鉄製馬具と馬歯が検出され、馬の埋葬施設の可能性があるようだ。

JR高崎線岡部駅から寅稲荷古墳までの間は、これすべて古代遺跡といってもよいところ。特に重要なのは中宿遺跡。七世紀後半から八世紀後半の埋立柱建物址一五棟が発掘調査により発見された。これが*武蔵国榛沢郡《はんざわ》の*郡衙《ぐんが》に付帯する正倉と、その関連施設と推定されている。

小山川や福川を使っての水運のジャンクションであることが、ここに郡衙正倉が造られた原因なのだろう。

駅からの道と中山道の交差する辺りの関連遺跡からは八世紀前半の寺院瓦が見つかっているとのことで、この地は古墳時代から奈良時代をつなぐ大歴史パノラマを地下に秘める場所である。

千何百年か前に、彼らが歩いたところを、私たちが歩いている。

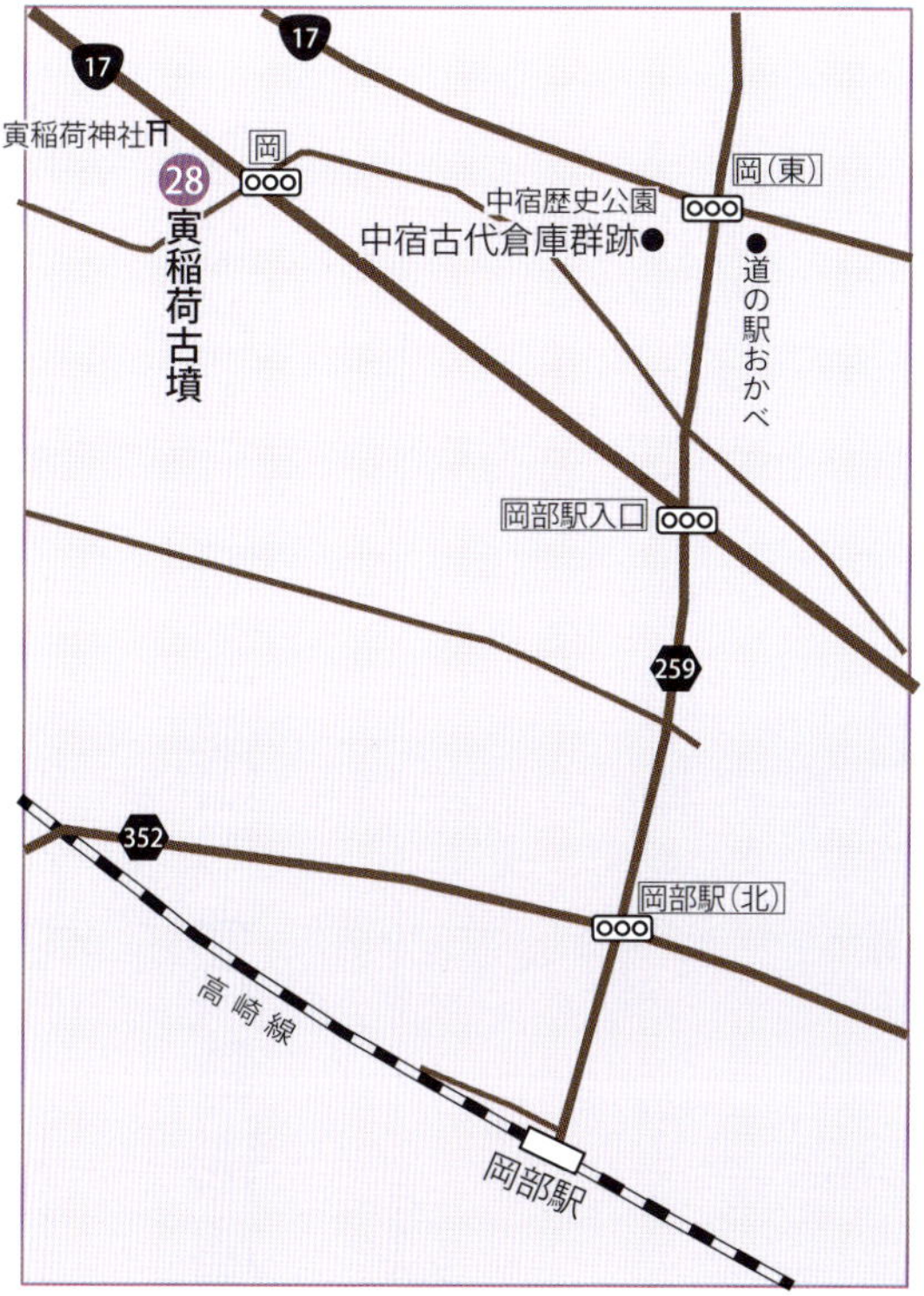

データ

◎所在　深谷市岡
◎形状　前方後円墳*　墳長51メートル
◎年代　6世紀末
◎アクセス　JR高崎線岡部駅から徒歩約30分

29

籠原裏古墳群＝かごはらうらこふんぐん（熊谷市）

なんと！　埼玉県に「八角形墳」が三基も

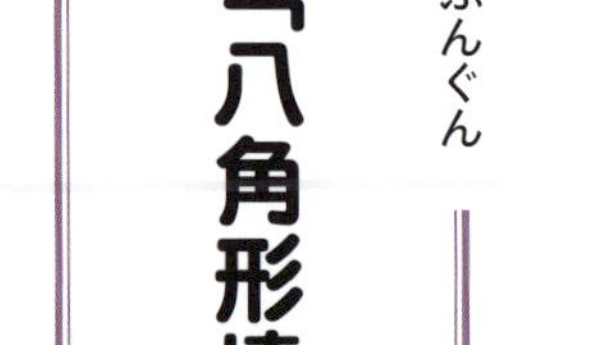

JR高崎線・籠原駅から

湘南のJRの駅で「籠原行」と聞くと、どこへ行く電車か、さっぱり分からないという方もいると思われるが、実は、その「籠原駅」は熊谷駅の一つ北の高崎線の駅。

駅からすぐのところに、古墳群がある。そこでの発掘調査で、なんと「八角形墳」が三基も出たのである。八角形墳とは天皇の古墳といわれてきた。

八角形墳の総計は現在一六基。京都・山科の、*方墳の上に八角形墳が載っている「御廟野《ごびょうの》古墳」（天智天皇陵）は別格にしておいて、内訳は、奈良（これは皇室関係であろうが）六基、地方の首長墓とみられるのが東京一（多摩市）、群馬三（高崎市・吉岡町・藤岡市）、山梨一（笛吹市）、兵庫一（宝塚市）、広島一（福山市）、そして埼玉が三である。（桐生市の武井古墳は八角形三段の火葬墓墳〈奈良時代〉であるので計算に入れなかった。）

この古墳群の環境としては、櫛引台地の東端縁辺部にあるが、荒川の氾濫などで墳丘までもが埋もれてしまうという状況下で、古墳の存在も分からなかったようだ。

そういうところに古墳時代終末期に古墳が造られたのだ。発掘調査は、区画整理事業のために行われたもので、道路になる部分など

この道路に八角形墳があった

しか実施されていないので、詳細は不明である。

ほぼ全体が発掘された一号墳（八角形墳）では、石室から人骨片、歯のほか、鉄製鞘尻金具、銅製双脚足金物などが出土している。ほかの一、二の古墳で人骨片、歯が見つかっているぐらいで、特別のものは全く見つかっていない。

埼玉県で見つかった八角形墳墓三基。これは何だろうか。皇族関係ではないと思われるが、地方豪族が気ままに造っただけなのだろうか。

しかもそれが固まって見つかったのはほかにないだけに、八角形墳墓とは何かを考える、ひいては古墳のカタチについて考える手がかりが、私たちの埼玉県にある。それをみんなで考えることができるように、一基だけでも、強化プラスティックカバーで覆うとか、手を尽くせば何とかなっただろうに…。県民の宝になっただろうに…。

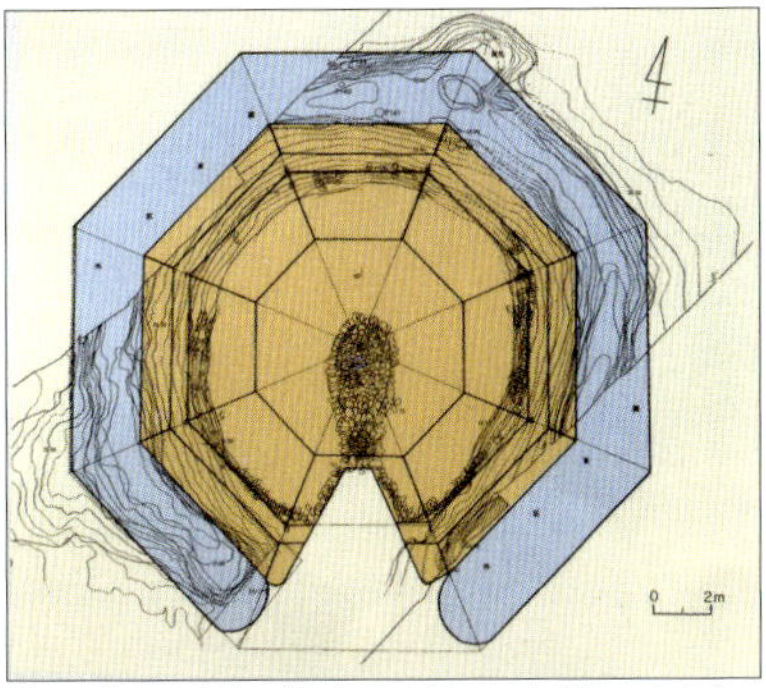

籠原裏１号墳（「くまがやの古墳」より）

データ

◎所在　熊谷市大字新堀

◎形状　円墳8基

◎年代　八角形古墳3基を含む古墳15基（3基と別に2基の八角形古墳の可能性あるものを含む）

◎アクセス　JR高崎線籠原駅北口から徒歩10分

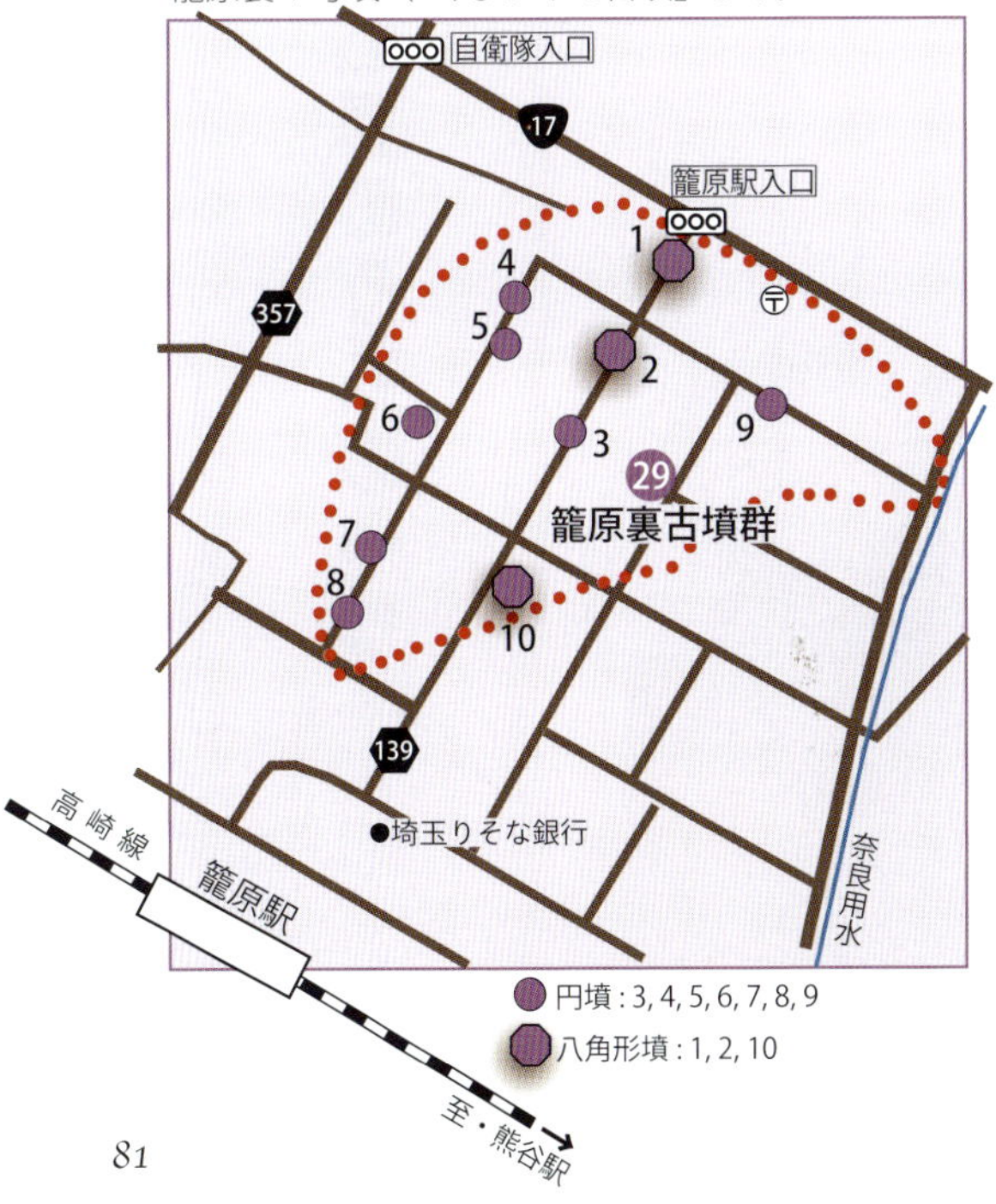

30

宮塚古墳＝みやづかこふん

不思議なカタチ、全国で七基のうちの一つ（熊谷市）

秩父鉄道・ひろせ野鳥の森駅から

ここにも不思議な形の古墳がある。

上円下方墳という。二段になっていて、下の段の方形（四角形）に、円墳が載っているという形である。

明治天皇以後の天皇の陵《みささぎ》に使われているが、古代の天皇陵で一般的でないカタチの古墳としては八角形墳がある。京都市山科区の天智天皇陵（御廟野古墳《ごびょうのこふん》）は下が方形で、その上に八角形墳が載っているという極めて特別なカタチをしている。分類として「上円下方墳」とするのか、「八角形墳」とするのか、難しい「みささぎ」である。（八角形墳については、81頁参照）。

この宮塚古墳は昭和十七（一九四二）年の埼玉県史跡名勝天然記念物調査会委員の柴田常恵・韮塚一三郎両氏の調査報告で「宮塚と称する上円下方墳」と書かれている。

昭和三十一（一九五六）年には国指定史跡に指定されたが、天皇家に関係あるようなカタチの古墳なん

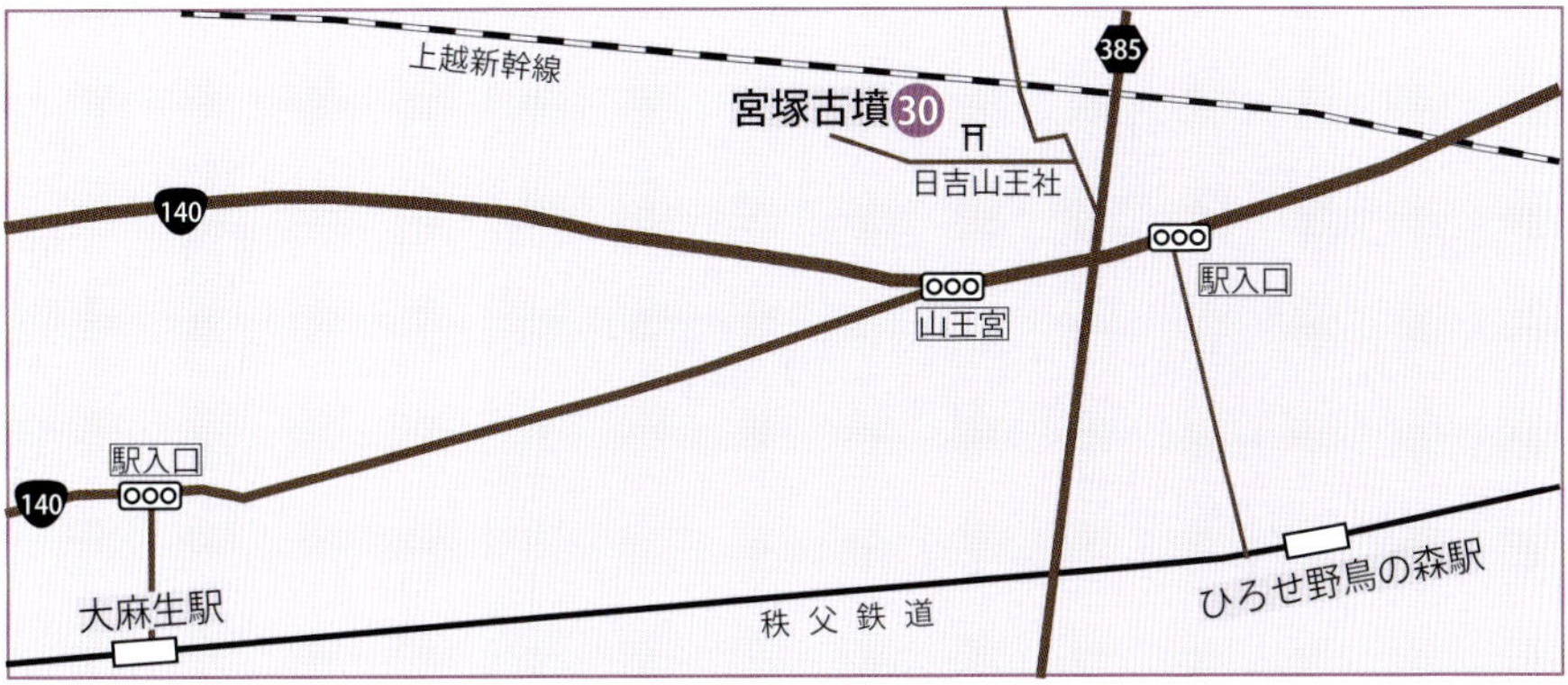

て、埼玉にあるはずがないと、一般には信じられてこなかったようである。しかし、近年の川越市の山王塚古墳（150頁）の発掘により、がぜん、この宮塚古墳の上円下方墳説も信じられるようになってきた。

上円下方墳そのものは、現在のところ埼玉に二基、東京に府中市・熊野神社古墳、三鷹市・*天文台構内古墳の二基、静岡の清水柳北一号墳、福島の野路久保古墳、奈良の石のカラト古墳という合計七基。むしろ地方性のある古墳のカタチではないかとさえ思われるようになってきた。

荒川左岸、宮塚古墳の属する広瀬古墳群は、現在十数基の古墳が確認され、中には二基の*方墳も含まれており、全体として古墳時代最終末期の八世紀前半代のものと推定されている。

地方性があるといっても、どこにでもあるというものではない。どういうヒトが、どういう考えで、こういうカタチの古墳を造ったのか、ロマンはまだ続くようだ。

データ

◎所在　熊谷市広瀬山王
◎形状　上円下方墳　下方の一辺20メートル、上円の高さはより2.2メートル
◎年代　7世紀後半
◎アクセス　秩父鉄道ひろせ野鳥の森駅下車、徒歩約15分

31

鹿島古墳群＝かしまこふんぐん

一〇〇基もの古墳が荒川の自然堤防に

（深谷市）

秩父鉄道・武川駅から

荒川の自*然堤防左岸に、ポッコリ、ポッコリと直径一〇～二〇メートルほどの円墳がいっぱいである。

かつては一〇〇基を超える古墳が存在していたが、現在でも五六基の古墳が残っている。

六世紀末から八世紀まで、古墳が連綿として築造されてきたのだ。

古墳からの出土は、埴輪*や玉類は少なく、大刀、小刀、鉄鏃《てつぞく》*などの武器類、金環などの装身具が目立つとのことである。

主体部は荒川の河原石を用いた胴張型《どうばりがた》横穴式*石室であり、このカタチについては、以前から渡来系氏族・壬生吉志《みぶきし》氏との関係をいわれている学者が多いのだが、それに反対する方もいて、「胴張型石室というのは、そんなに強調されるほど特殊な、そして外来のものなのか。天井を小さくしつつ、石室を頑丈にするための単なる工夫である。この地で自生することも考えられ

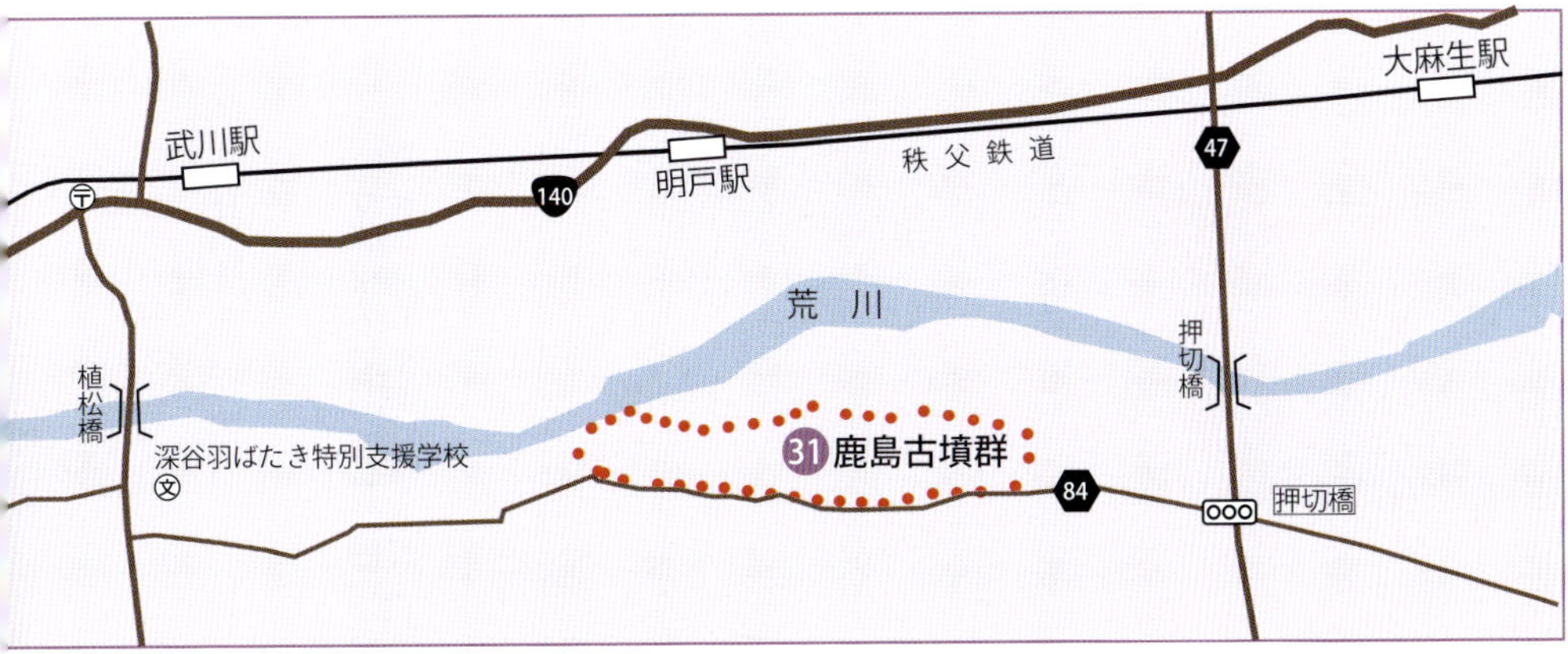

る」といわれているのだ。

　壬生吉志一族とは朝鮮半島から渡来し、当初は福岡県内を定住の地としたが、その後、大阪市天王寺区一帯に移住して聖徳太子の四天王寺建立をたすけるなど、太子の有力な側近として、宮廷で高い地位を獲得することとなった氏族である。

　そして、さらに*武蔵国の男衾郡《おぶすまぐん》を本拠として、武蔵国分寺の七重塔を再建した壬生吉志福正《ふくまさ》もいるという一族。ただ、その男衾郡が、この場所だとする特定はまだできていない。

　はたして、この荒川中流右岸段丘こそ、壬生吉志氏の行き着いた土地だったのだろうか。

　今は、冬になると、コハクチョウなどの水鳥が訪ねてくる荒川の流れ、古墳時代のヒトたちは、冬になってやってくる珍しい鳥を、どんな思いで迎えたのだろうか。

データ

◎所在　深谷市本田
◎形状　円墳56基
◎年代　6世紀後半〜8世紀初頭
◎アクセス　JR高崎線熊谷駅から秩父鉄道武川駅下車 植松橋で荒川を渡り自然堤防上を下流へ徒歩約50分

32

黒田古墳群＝くろだこふんぐん

豪華な副葬品の謎について考える

（深谷市）

荒川の左岸。三段になった河岸段丘の上だから、川面からかなり高い。川のすぐそばだけど、川が見えない。そんなところにこの帆立貝式*前方後円墳（黒田2号墳）はある。

　昔は数十基の古墳があったというが、今は計四基しか残っていない。ほ場整備や関越自動車道建設の際になくなり、調査された一五基は径六～一〇《メートル》ほどの小さい円墳ばかりで、すべて袖無し型の*横穴式石室だった。

　しかし、出土遺物は豊富で、大刀などの武具類、*勾玉、管玉などの装身具類、轡《くつわ》などの馬具類、その他、須恵器、人物埴輪、九七・四《センチ》の長さの大刀型埴輪や盾、帽子など精巧な*器財埴輪も多い。

小さいながらも、中身のぎっしりつまった古墳群で、この一族の富は相当のものだったようである。荒川の少し下流の右岸にある鹿島古墳群（成立時期七世紀中葉から八世紀前半頃）よりは早い。

　いつも不思議

秩父鉄道・ふかや花園駅から

に思うのは、古代のヒトたちのいわゆる副葬品*についての考え方。せっかく、王様からいただいた名誉ある鉄剣、貴重な輸入品である宝玉、権威の象徴である王冠などを惜しげもなく亡くなった方の棺*のそばに埋めてしまう気持ちである。

考古学者は、モノについて語るべきで、ないモノについて語るべきではないという。

ルール違反ではあるが、ぜひにということで、古墳の専門家・高橋一夫氏にお考えを、お話しいただいた。

「副葬品について、古代人はこう考えたのではないか。亡くなったヒトの使ったものは引き継がない。引き継ぐものではない。財産価値を持つものとは考えない。亡くなったヒトに属するものである。だから、惜しげもなく埋めてしまうのではないか」。

現代人には、とても考えられない。貴重なものを惜しげもなく埋めてしまう。「相続税」とか「相続争い」とかのない世界。よい世界ではある。しかし、ちょっと、もったいない…。

データ

◎所在　深谷市黒田
◎形状　前方後円墳1基　円墳3基
◎年代　6世紀後半~7世紀前半
◎アクセス　秩父鉄道ふかや花園駅から徒歩約20分

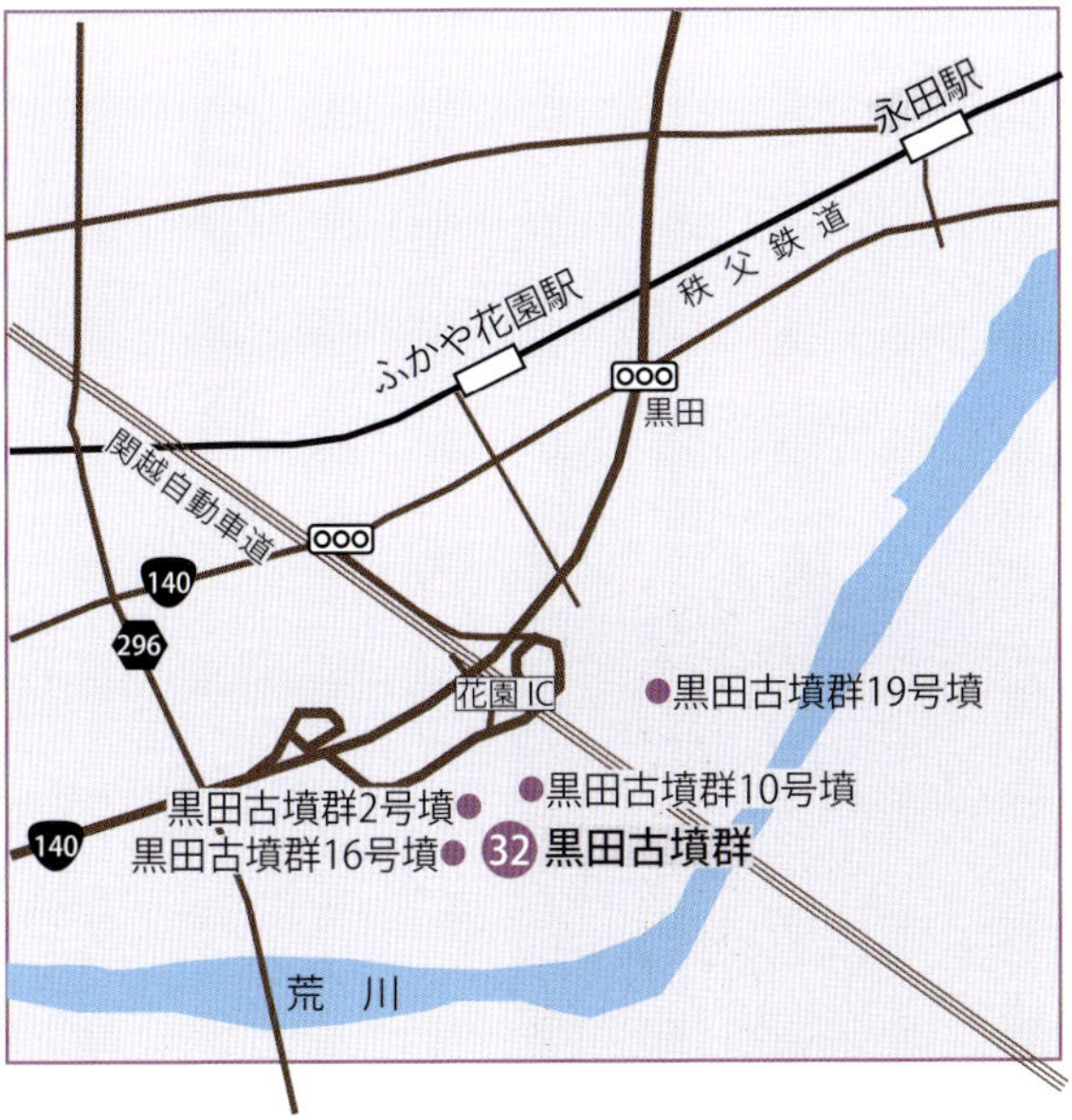

33

さきたま古墳群との関係にロマンあり

横塚山古墳 ＝ よこつかやまこふん

（熊谷市）

古墳の形としては、前方部が未発達な前方後*円墳か、あるいは帆立貝式の前方後円墳かと推定されている。ひょっとすると、熊谷の旧市内で最古の古墳かもしれない。

その後円部に、ガッツリと道路がぶち当たっていて、埋葬施設*が無事に残っていることを祈らざるをえない状態である。発見されている遺物としては朝顔形埴輪*と円筒埴輪だけであるが、古墳の年代としては五世紀後半と推定されている。

五世紀後半というと、埼玉《さきたま》古墳群の稲荷山古墳の時代。その埼玉古墳群を造ったヒトたちは在地のヒトか、ヤマト政権から送り込まれたヒトか。あの稲荷山古墳の金錯銘鉄剣《きんさくめいてっけん》の本当の持ち主は誰か…にもからんでくる大きな謎である。

埼玉《さきたま》古墳群の北、その後の武蔵・毛野*《けぬ》を分ける利根川まで約五キロの位置にある。

この古墳のヌシの果たした政治的役割は何だったのか。政

JR高崎線・熊谷駅から

権の一族で、先発隊の隊長なのか。北部方面軍の隊長か。それとも友好的な地元の有力首長だったのか。

現在この周辺には、この古墳以外はない。しかし、墳丘はないが埴輪*を出土する地点があり、古墳群を形成していたのではないかとも推測されている。

古墳の形が単なる前方後円墳ではないことと、時期が五世紀後半であるということで、大きさこそ小さいが、面白いナゾを持つ古墳である。

これ以上壊さないでください。埼玉古墳群の成立についてのナゾと、ひょっとして帆立貝式古墳のナゾを解決するカギを、必死に守ってくれているこの古墳を。

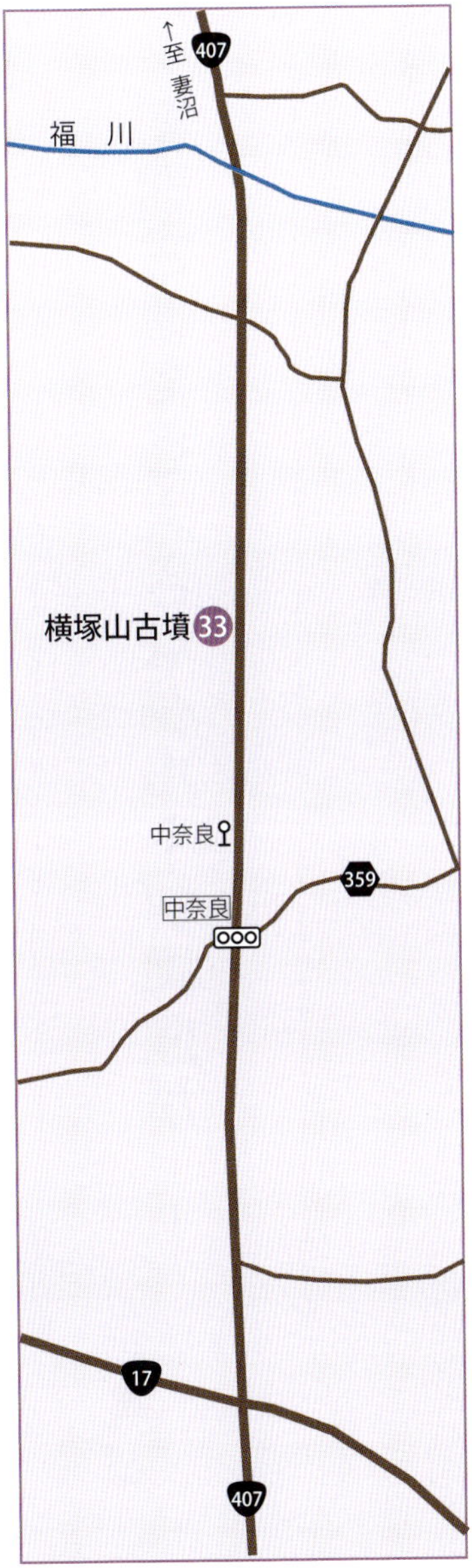

データ

◎所在　熊谷市大字中奈良字横塚
◎形状　前方後円墳*　全長30㍍（現在）
◎年代　5世紀末
◎アクセス　JR高崎線熊谷駅　バス6番乗り場・朝日バス妻沼行き約30分「中奈良」下車すぐ
＊平日毎時6本くらい。バイパス経由・妻沼行きは通らないので注意
◎問合せ　朝日バス太田営業所　0276-48-3626

㉞ 塩古墳群＝しおこふんぐん

初期古墳でも大きなグループ構成が――（熊谷市）

JR高崎線・熊谷駅から

　荒川の支流である和田川を、東京湾から源流の近くまで遡ってきたヒトがいる。本庄の鷺山《さぎやま》古墳（52頁）を造ったヒトたちは*利根川を上ってきたとすると、こちらは荒川水系では最も遠く遡って新天地を求めたヒトたちということになる。

　この古墳群の中心である狸塚支群には三六基の古墳があり、標高八〇㍍域に分布する前期古墳群は二基の前方後方墳、二基の円墳、二六基の*方墳で構成されている。

　平成五（一九九三）年に発掘調査が行われ、全長約三六㍍の一号墳（前方後方墳）の*周濠から口縁に二個一対の透かし穴があけられた赤彩の*二重口縁壺が、一辺約一三㍍の七号墳（方墳）墳丘裾部からは外面全体を赤彩した二重口縁壺が見つかっている。また、一辺約八㍍の二五号墳（方墳）では主体部が調査され、鉄剣とガラス小玉が副葬されていた。

　これらの出土遺物から、この狸塚支群の前期古墳は三世紀末から四世紀中ごろにかけて築造されたと考えられている。

古墳群の全体が広いので、メインの狸塚支群だけの見学でもOKでしょう。

埼玉県の初期古墳は前方後方墳を主として、方墳とペアになっているもの、方墳だけのもの、あるいは複数の方墳を伴っているものがある。これは何を意味しているのだろうか。東海地方をふるさととするヒトたちが、長い旅をして、埼玉の川の奥まで入り込んで、新しい生活の場所に落ち着いた。それまでの苦しい、危険な旅は、メンバーの仲間意識を強め、生涯が終わっても、仲間は一緒だよ、という気持ちになったということだろうか。

リーダーとメンバーが肩を組んで航海をし、土地の開発を行ってきて、そういう親密な人間関係が作られたのだろう。

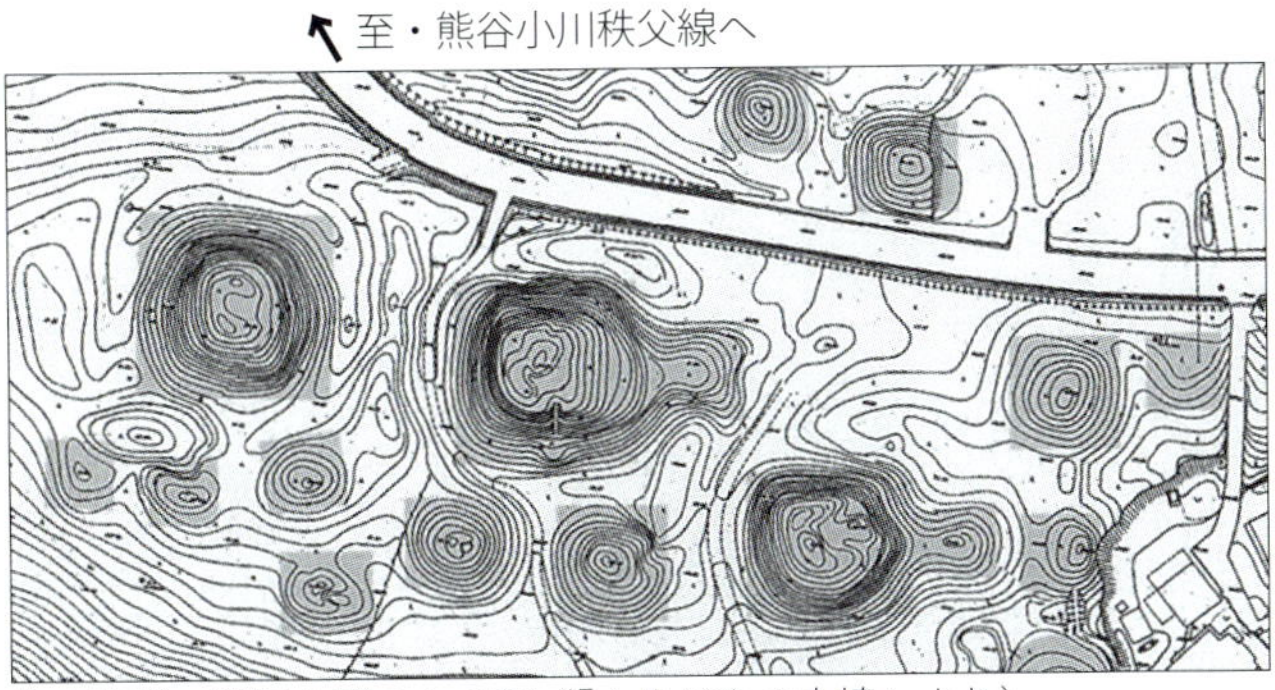

塩古墳群　狸塚支群の中心部（「くまがやの古墳」より）

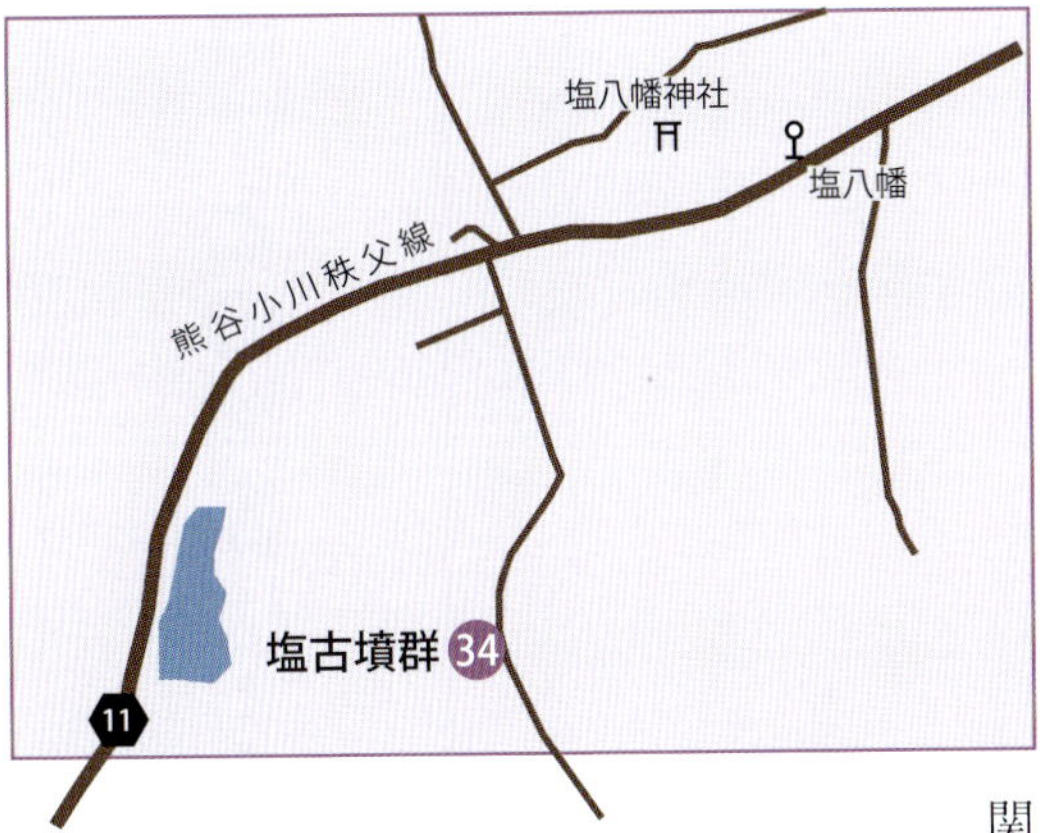

データ

◎所在　熊谷市塩

◎形状　前方後方墳　方墳*　円墳など60基以上

◎年代　3世紀末から7世紀

◎アクセス　JR高崎線熊谷駅から国際十王交通バス小川町駅行き24分、「塩八幡」下車徒歩5分

＊バス平日毎時5〜4本

◎問合せ　国際十王交通熊谷営業所　048-521-3560

35 三島神社古墳＝みしまじんじゃこふん（鴻巣市）

「さきたま古墳群」との関係は…

JR高崎線・吹上駅から

三島神社が前方部に祀られていて、後円部（神社参道から見て右側）は、以前はもっと高かったという。そして明治年間に後円部を発掘したところ、石室があって玉や刀が発見されたとのいい伝えもある。

古墳の主体部は*横穴式石室と考えられ、その天井石であった*緑泥片岩《りょくでいへんがん》は、いま社殿の前に敷石として使われているもののようだ。

江戸時代の『新編武蔵風土記稿』には、この古墳の石を掘り出そうとして、たちまち祟りをこうむったとある。しかし、いつの時代も、ちょっとやそっとの祟りぐらいには屈しないデストロイヤー（破壊者）がいるようで、石室内から出た玉や刀は行方不明である。

したがって、この古墳については、ほとんどのことが不明なのだが、謎として面白いのは、埼玉《さきたま》古墳群との関係であろう。

今、荒川はこの地のずっと西を流れているが、古墳時代には、現在の元荒川が流れている

ところ（高崎線線路の辺り）を流れていたといわれている。そして、川の先約二・五キロ、東北方にあるのが、埼玉古墳群である。

この三島神社古墳は六世紀後半のものであるとされているが、それはまさに五世紀末から六世紀末頃までという、埼玉古墳群の時期にあたる。

古墳の大きさからして、埼玉古墳群のヌシたちと三島神社古墳のヌシとの力関係は明白である。ここに古墳を造ったヒトは埼玉古墳群のヌシから何らかの仕事を担当させられていたのではなかろうか。

当時は荒川上流の緑泥片岩が埼玉《さきたま》古墳群の石室に使われている。そういう河川経由のものの管理を扱う役割をやっていたヒトなのかという可能性もある。

この関係の謎が、面白い古墳の一基である。

データ

◎所在　鴻巣市明用
◎形状　*前方後円墳　墳長約55メートル
◎年代　6世紀後半
◎アクセス　JR高崎線吹上駅西口徒歩約20分

36

箕田古墳群＝みだこふんぐん（鴻巣市）

一時間半で箕田古墳群めぐり

JR高崎線・北鴻巣駅から

狭い範囲のなかに、すっかり溶け込んでいるというか、隠れこんでいる古墳群である。探すと、あっちこっちにある。「あった」、「あった」の連続である。

氷川神社、畑の真ん中、稲荷神社、屋敷神、畑の中、高い木の茂みの下、宮登神社、探すと見つかる。こんな古墳をめぐる楽しみもあるのだ。

ここは「箕田」。箕田源氏の始祖・源仕《みなもとのつこう》は九世紀末から十世紀のひとだから、古墳とは関係ない。武蔵守として当地にきて、この地が気に入り住みついたが、孫の渡辺綱《わたなべのつな》は、頼光四天王の一人で大江山の酒呑童子《しゅてんどうじ》退治や京・一条戻り橋で鬼の腕を切り落とした伝説で有名。オレにはこの地はちょっと狭すぎるなあ…と大江山へ酒呑童子《しゅてんどうじ》退治に出かけたのではないだろうか。

九号墳の宮登《みやと》古墳は群馬県榛名山*二ツ岳の*角閃石《かくせんせき》安山岩を使っていて、他の古墳では県内比企系の石しか使っていないことを考えると、ちょっと違った権力を持っていたか、というのも面白い。そこからは*碧玉製管玉・水晶製*切子玉など貴重なものを出土している。七号墳（*横穴式石室）からは*埴輪破片、大甕が出土。古墳群全体としては六世紀初～七世紀中葉の時期が与えられている。

古墳群内の箕田八幡宮は清和源氏―嵯峨源氏―とつながる箕田源氏ゆかりの神社。

近くの箕田小学校の前が鴻巣市コミュニティ

バスのバス停。校章は源氏の笹りんどうに「箕田」。小学生諸君。この学校で学んだことを忘れないでほしい。源氏の時代と、そして古墳もね。古代という時代のすぐ側で小学生時代を過ごしたんだよ。

往きは歩き、帰りはバスで、合計一時間半で七基踏破可能。

箕田２号墳

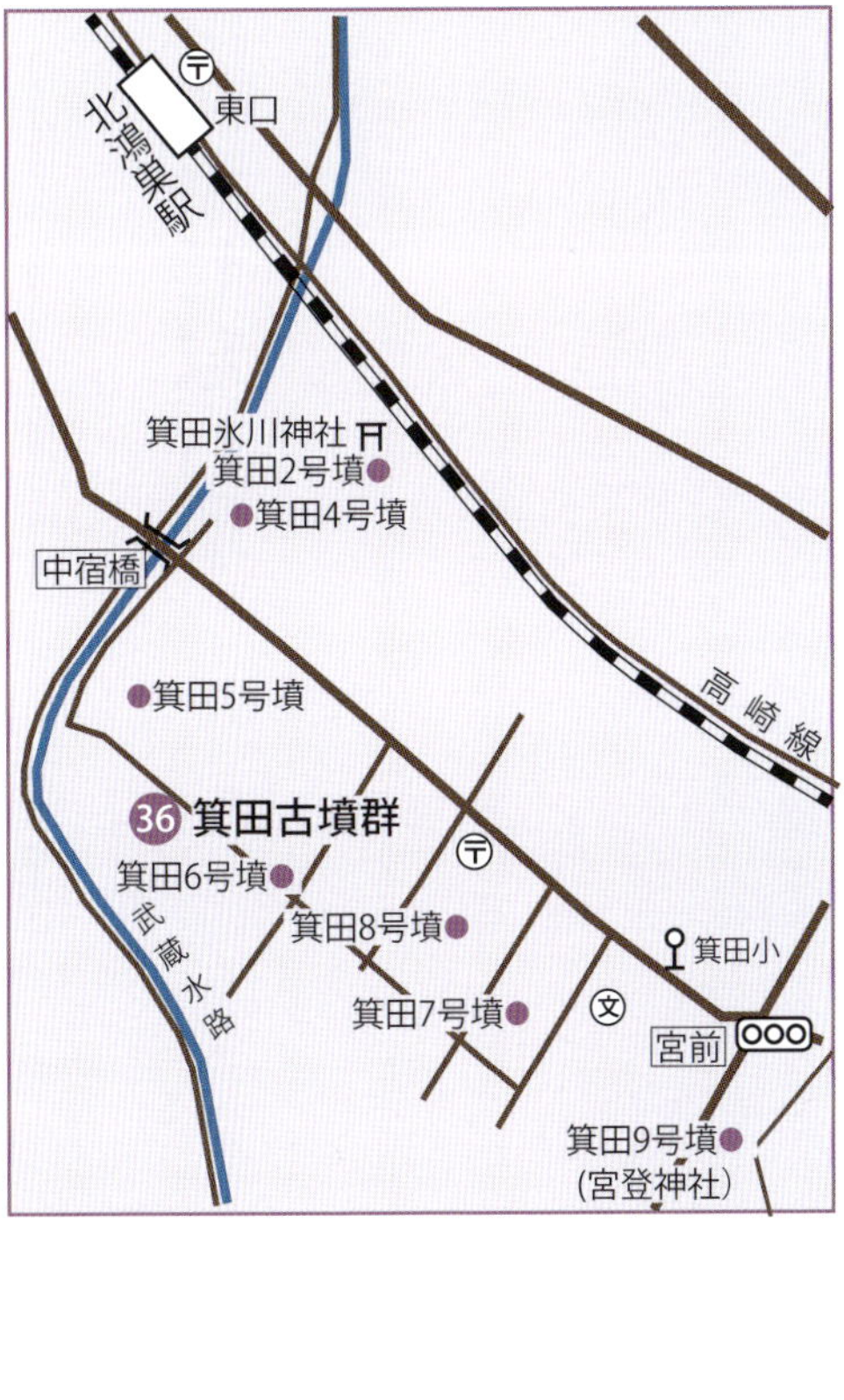

データ

◎所在　鴻巣市大字宮前
◎形状　円墳7基
◎年代　6世紀初～7世紀中葉
◎アクセス　JR高崎線北鴻巣駅約15分。
＊鴻巣市のコミュニティバスは、1時間にほぼ1本

37 八重塚古墳群＝やえづかこふんぐん

桜の里で、一基残った幸せな古墳

（北本市）

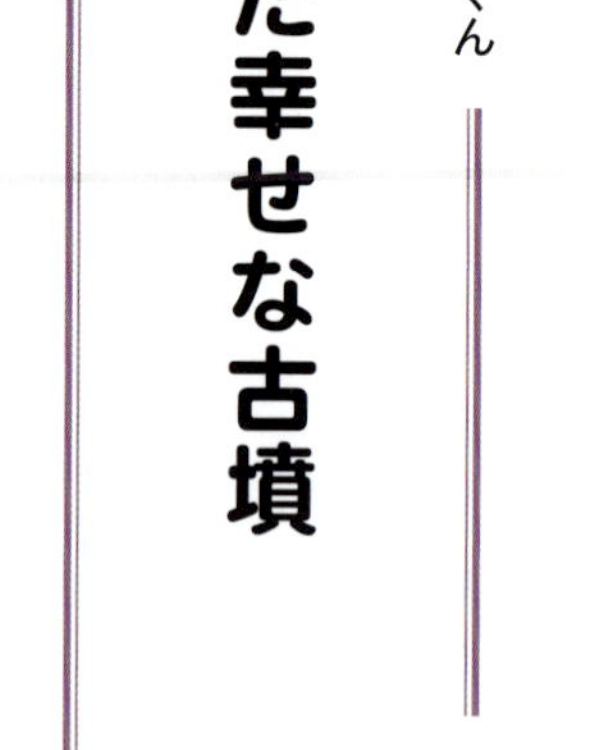

JR高崎線・北本駅から

北里研究所メディカルセンターの中、高等看護学院の建物の前に墳丘がある。

古墳群といっても、今残存しているのは、この一基。大きい、白い病院のビル。広い道路。テニスをする人。そんな中で千三百年ほどのトキの重みを抱いて、誇らしく一基残った幸せな古墳。

以前、国立関東東山農業試験場の敷地であったときには、四基ほどの古墳があったとのこと。いまは道路になってしまった一号古墳は、昭和三十五（一九六〇）年八月に浦和第一女子高校社会クラブによって調査が行われた。

当時、すでに石室が露呈していたが、これは*玄室という*棺の置かれる部屋の八割ほどの部分であった。凝灰岩切石積みの石室で、おそらく*横穴式石室であっただろうと推測されている。

遺物は石室から見つかった長さ一二センチの鉄製*刀子《とうす》（ナイフ）だけであった。その際、墳丘が残っていなかった三号古墳調査も行われたが、石室が確認されただけであった。この調査では一号古墳の近くから須恵器の大甕の破片が見つかったことが分かっている。

残存している二号古墳は、平成四（一九九二）年に北本市教委により、*周濠の一部が発掘調査され、平面形態から方墳の可能性もあるとされている。

この辺りは、西に流れる荒川を挟んで、大宮台地と比企丘陵が迫り、市野川が荒川に合流する地点である。

古墳時代の終わりに、河川の合流地点というのは、今でいう高速道路のインターのそばという重要ポイントであり、それをしっかり支配した、実力を誇るリーダーの墳墓なのであろう。

時代は下って鎌倉時代、蒲冠者《かばのかじゃ》源範頼《みなもとののりより》が兄頼朝の怒りをかい、この地へ配流され、自害した。のち、築かれた墓に植えられたとの伝承のある石戸《いしど》蒲《かば》ザクラがすぐそばに。日本五大桜の一つといわれた太い幹は枯れたが、二本の生き残りが面影をとどめている。

ロマンティックな里の中に、唯一つ残された古墳の主が時代に追われず、安心して眠れるような環境を保ってほしいものである。

データ

◎所在　北本市荒井
◎形状　2号墳は径30メートル、高さ1.7メートルくらいの円墳か
◎年代　6世紀～7世紀
◎アクセス
①JR高崎線北本駅西口川越観光自動車「北里大学メディカルセンター」行きバス15分
②北本駅西口より徒歩約3.5キロ、45分～60分
◎問合せ　川越観光バス　0493-56-2001

38

熊野神社古墳＝くまのじんじゃこふん

碧玉のおタカラをいっぱい持って――

（桶川市）

JR 高崎線・桶川駅から

ふっくらと丸い墳丘の曲線は、なんとなく王者の風格をにじませている感じである。

古墳についての研究がまだ確立していない、情報の全国的な結びつきもなかった時期には、古墳から出土する副葬品*などから、その時代を推定するしかなかったので、この熊野神社古墳が県内最古といわれていたこともあった。

昭和三（一九二八）年、神社の社殿を改築する際、地元の氏子たちによって墳丘を約六〜七尺掘り下げ、整地作業が行われ、現在の社殿の北側回廊付近から横約三尺、縦約六尺の矩形に粘土が固められて、玉や朱のかたまりが残っているのが発見された。埋葬施設*は一応粘土槨と推定されている。

現存する遺物は重要文化財に指定されたが、特筆すべきは碧玉*《へきぎょく》製品を多量に出土したこと。これは県内唯一、関東地方でも最も多いといわれている。

そのほか、畿内の首長層が権威のシンボルとしてしばしば副葬された玉杖《ぎょくじょう》の一部、紡錘車形石製品などの発見も注目され、四世紀後半の畿内における流行が東国に及んでいたことが明らかとなったのである。

森浩一教授（故・同志社大学）は、「出土遺物の玉類、石製品、筒形銅器などは奈良県メスリ山古墳出土遺物と類似し、被葬者像、他地域との関係を暗示している。大和勢力とのかかわりのつよい被葬者像がうかんでくる」といわれていた。

古墳の成立時期については、立派な副葬品により四世紀後半というデータが与えられ、出土した土師器*の特徴からもこの年代が裏付けられている。

最近の研究では三世紀後半という古墳の成立もあるなかで、「最古」というタイトルは奪われてしまった。

しかし、最新流行の装飾品で身を装い、権力のシンボルである玉杖を持って君臨した盟主は、モダンで進取の精神にあふれる、新しいタイプであることこそ、自慢すべきなのだ。

データ

◎所在　桶川市川田谷字宮前
◎形状　円墳　径44〜45㍍
◎年代　4世紀後半
◎アクセス　①JR高崎線桶川駅西口から川越駅行き・東武バス9分・「三ツ木」下車、徒歩約25分
＊バスは12時台を除き毎時1〜2本
②JR高崎線桶川駅西口から「べにばなGO西循環バス」あり。熊野神社古墳・原山古墳群（101頁参照）を通る。
◎問合せ　東武バス川越営業事務所　049-222-0671

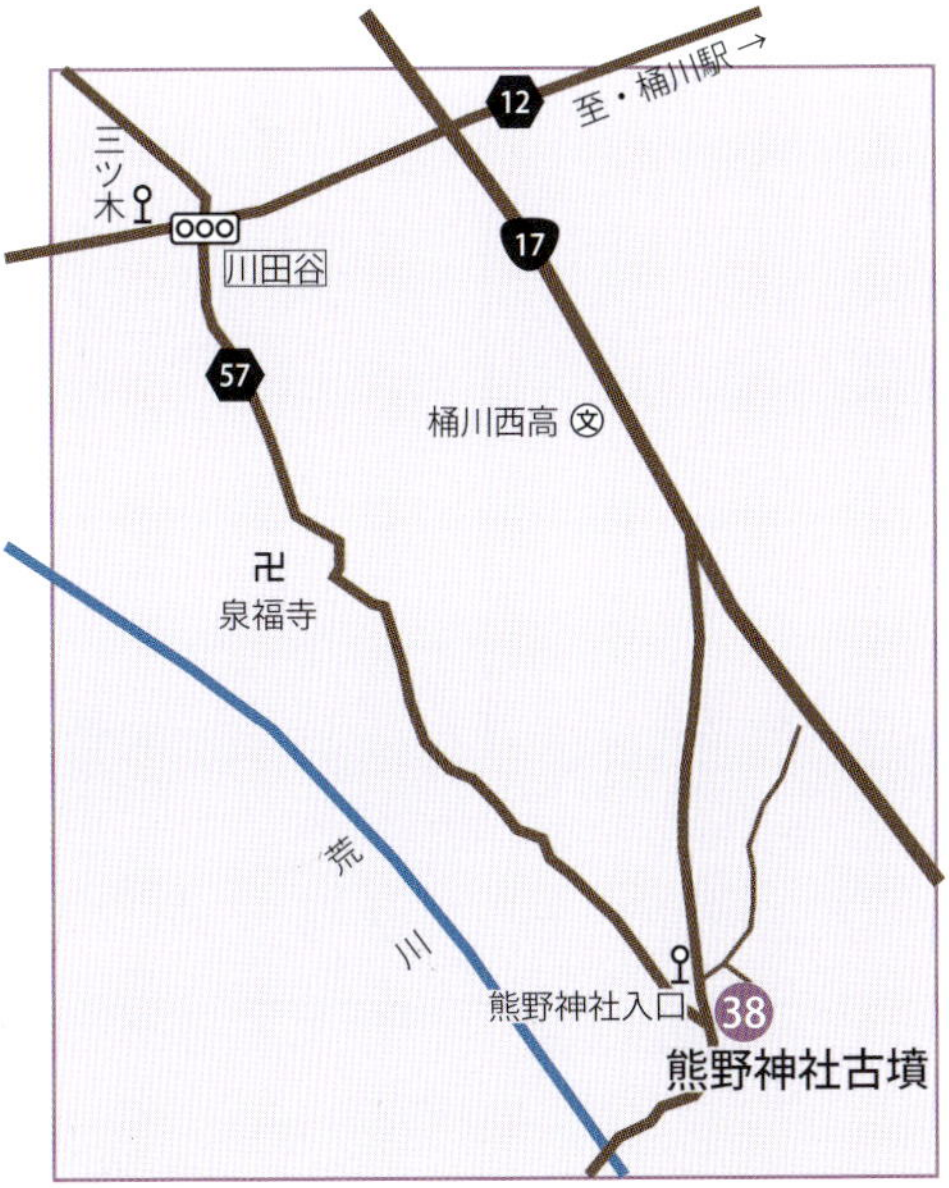

39 原山古墳群＝はらやまこふんぐん

荒川の大好きなヒトたちの――

（桶川市）

JR高崎線・桶川駅から

埼玉には二つの大きな川が流れている。利根*川と荒川。どちらの川も好きだが、どちらか一つをとらねばならないとしたら、荒川。県内で生まれて、海に入るのが東京都であるのは、ちょっと残念だが、ほぼ生粋の埼玉ということでね。

その荒川の、こんなにすぐそばに永遠に眠れるなんて「なーんて、しあわせ」というのが、左岸のこの原山古墳群のヒトたち。そして右岸に眠るのは上流の鹿島古墳群のヒトたち。

川を眺められる自然堤防*の斜面の雑木林の中に、いま、大小九基の古墳（円墳）が残っている。

総称で川田谷古墳群の一支群だが、開墾などで古墳群のほとんどが損壊され、この支群だけがよく残されている。

発掘されていないため、副葬品も、主体部も近隣支群の状況から考えて凝灰岩を使った横穴式石室と想像されるぐらいである。

特徴的なのは、狭い範囲に、いかにも仲良く肩を寄せ合っているような古墳のまとまり。

樹の葉が落ち、下草が枯れる冬こそ、訪れてほしい。狭い範囲に押し合い、圧し合い、古墳が造られているのを見ることができるでしょう。

古墳が造られたのは、六世紀後半から七世紀初頭とされ、埼玉《さきたま》古墳群が造り終えられた時代である。その後の新体制はどうだったのだろうか。

仲の良い一族は、荒川の清い流れを見つめながら、この地で生きてきた。一族の見ていた荒川の流れ、好きだった荒川の流れは、いま、あなたの眼の前にある。

データ

◎所在　桶川市川田谷字前原
◎形状　円墳　径10～30メートル　高さ0.7～3.5メートル
◎年代　6世紀末～7世紀中葉
◎アクセス
①JR高崎線桶川駅西口から川越駅行き　東武バス10分「三ツ木」下車　徒歩10分
＊バスは12時台を除き毎時1～2本
◎問合せ　東武バス川越営業事務所　049-222-0671
②桶川駅西口から「べにばなGO西循環バス」熊野神社入口、前原、三ツ木を通る
◎問合せ
川越観光自動車　0493-56-2001
＊バスは13時台を除き毎時1本程度
＊①②ともに時刻表の確認が必要

40 天王山塚古墳＝てんのうやまづかこふん

さきたま古墳群を継ぐ四天王の一人（久喜市）

駐車場の奥に、おとなしく隠れているようであるが、高さ一〇メートルと、当時は周囲に威容を轟かした古墳だったのだろう。

荒川左岸の大宮台地の上に立つ天王山塚古墳。夫婦塚古墳（*前方後円墳）などがある「栢間《かやま》七塚」の主墳である。

墳丘上からは円筒埴輪片や須恵器片などが発見されており、墳上から加工痕のある角閃石安《かくせんせきあん》山岩《ざんがん》が散見されていて、*横穴式石室の構築が推定されている。

築造が六世紀後半という時期と、一〇〇メートル前後の古墳の大きさとで、埼玉《さきたま》古墳群の後継者ということにつながってくる。

埼玉《さきたま》古墳群の中で、首長権（宗主権）を持っていたのは、稲荷山、二子山、鉄砲山、将軍山、中の山の系列であっただろうと推測される（18頁図のA・C系列）。そして、それを補佐する役割を担っ

JR 高崎線・桶川駅から

た被葬者の古墳が愛宕山、瓦塚、奥の山と考えられている。

その首長権を最後に持っていた中の山古墳の時期のあと、埼玉古墳群には、それを継ぐ古墳は現れていない。その時期が六世紀後半。そして、埼玉古墳群の周辺に、この時期に出現した径一〇〇メートル級の古墳が天王山塚（一〇七メートル）・真名板高山（行田市一〇五メートル・26頁）・小見真観寺（行田市一一二メートル・20頁）古墳と消滅した若王子古墳（行田市一〇〇メートル超）。

ここに、北武蔵における首長権の分裂を考えてもよいのではないか。専門家の方々も、時期の若干のズレはあるが、ヤマト王権によるさきたま政権分裂策が背景にあると考えておられるようだ。

そして、四つの勢力に分かれたあとは、勢力の間で争う間もなく、古墳を造る時代、そのものが終わったということかもしれない。

この天王山塚も、古墳時代に惜別するモニュメントの一つなのである。

データ

◎所在　久喜市菖蒲町上栢間
◎形状　前方後円墳＊　墳長107メートル
◎年代　6世紀後半
◎アクセス　JR高崎線桶川駅東口から朝日バス菖蒲車庫行き11分「下栢間」下車徒歩約10分
◎問合せ　朝日バス菖蒲営業所　0480-87-2161

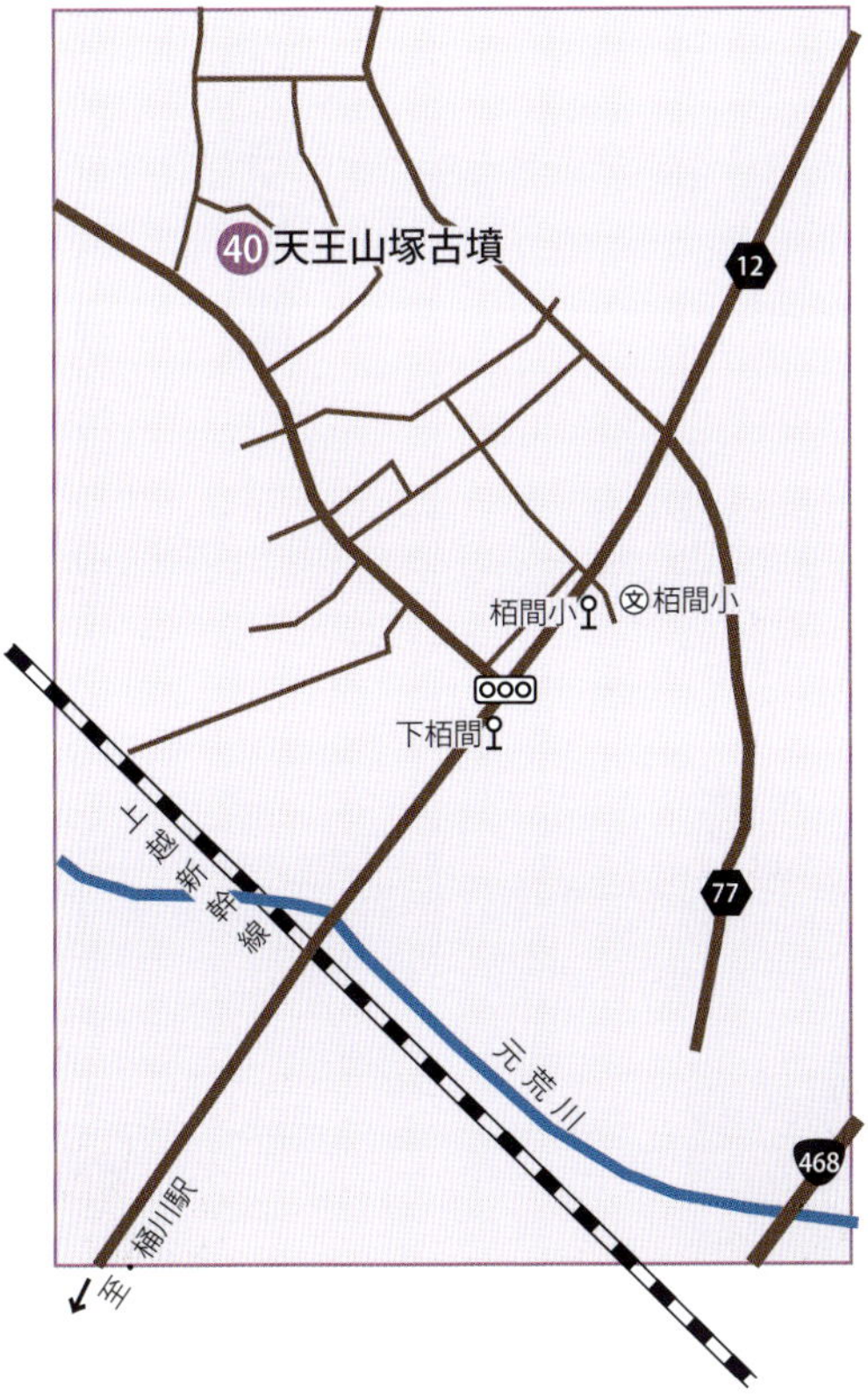

41

稲荷塚古墳＝いなりづかこふん（さいたま市）

緑の星から来た緑の宇宙船

JR 高崎線ほか・大宮駅から

緑の星からやって来た緑のＵＦＯ。頂上のスダジイの木の茂り具合いが下の墳丘とちょうど釣合いがとれて、なかなか形よく、ＵＦＯの中から古墳時代の人たちがぞろぞろ出てきそうな気配。大宮国際中等教育学校（平成三十一＝二〇一九年四月に「大宮西高」から改編）にある。

側ヶ谷戸《そばがいと》古墳群の一つである稲荷塚古墳は、人物・馬などの*埴輪が*周濠の調査により発見されたが、*埋葬施設は未調査である。時期は円筒埴輪の詳細な調査によって六世紀第３四半期に位置づけられている。

　側ヶ谷戸古墳群は二〇基以上の古墳を含む大古墳群であったが、*前方後円墳であったらしい井刈古墳（茶臼塚古墳の前の水田にあった）などを失い、墳丘が現存しているのは四基。

　台耕地稲荷塚古墳（もとは径三〇メートルを超える円墳）の調査では両袖形式の*横穴式石室が検出され、*切子玉、ガラス小玉、漆塗木製小玉、大刀、*刀子《とうす》、*鉄鏃《てつぞく》などが出土している。

　なお、古墳時代前期（五領期）の南北長二〇メートル前後の低墳丘古墳の存在も確認されており、この古

墳群の成立の時期については、これからも、その確認の必要があるようだ。

荒川を挟んで対岸に、ふじみ野市の権現山古墳群（152頁）という初期古墳の遺跡があり、ひょっとすると、こちらにも初期古墳が見つかってもよいのではないかという地域。

昭和九（一九三四）年の柴田常恵（故人・考古学者）の山王塚慈宝院古墳の発掘報告では「これまで大宮地方に古墳は存在せぬものといわれていた」とあって、常識的にはない地域からの、「スゴイ」古墳発見を楽しみにしたいところである。

この地は、縄文時代には側ヶ谷戸貝塚*があり、平安時代には『和名抄』にいう「殖田《うえだ》郷」の条里が存在、鎌倉時代には有力御家人で足立郡司・足立右馬允遠元の本拠であった土地。歴代の好地には古墳時代にも、さらなる歴史を塗り替える古墳があっても不思議ではない。

稲荷塚、茶臼塚、台耕地稲荷塚が公有地化されていることは、他の市町村に先駆けての文化政策の実現で、うれしいことである。

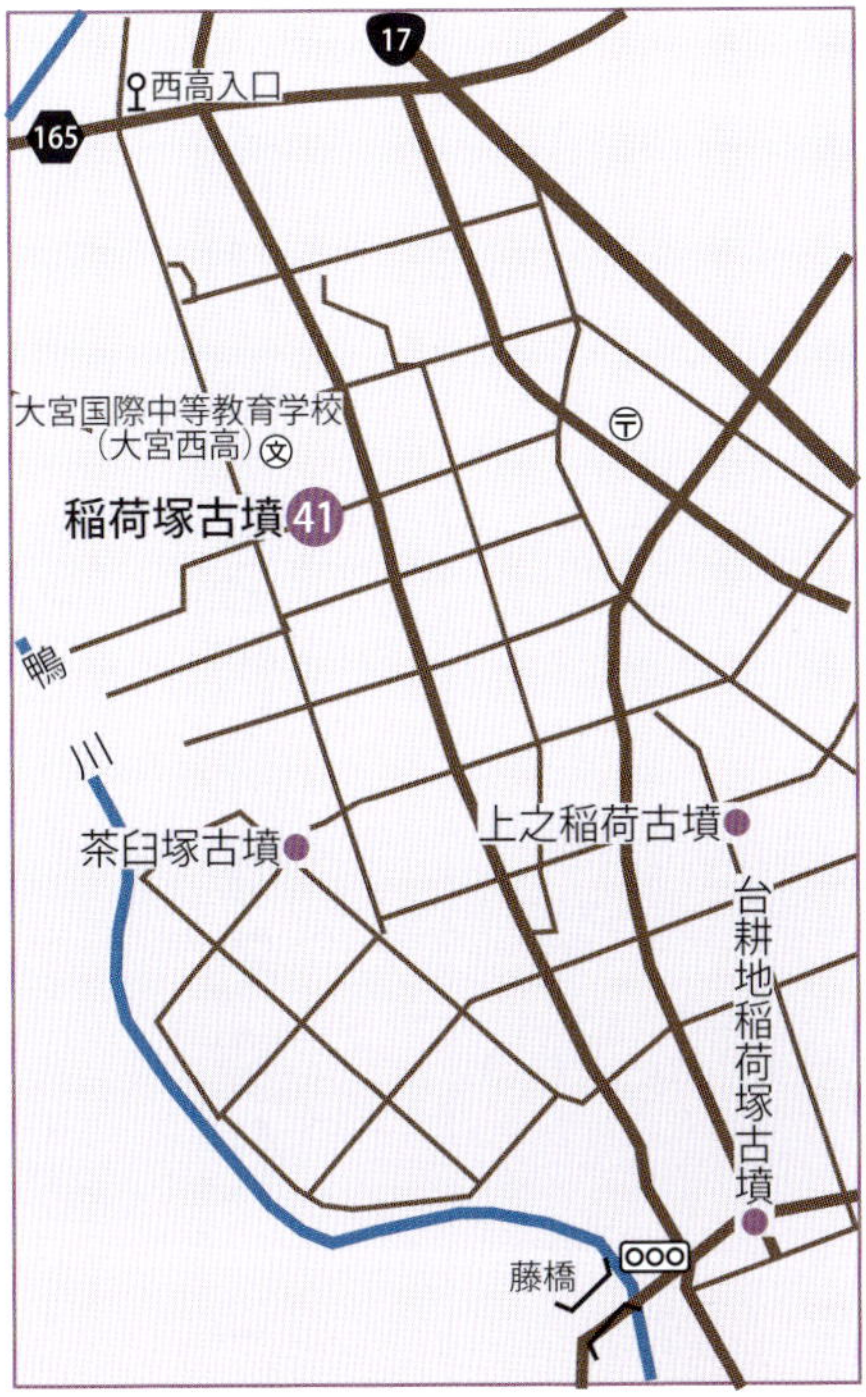

データ

◎所在　さいたま市大宮区三橋4丁目　大宮国際中等教育学校周辺
◎形状　現存は円墳4基（側ヶ谷戸古墳群）
◎年代　6世紀後半
◎アクセス　JR大宮駅から所沢駅東口行きなど種々路線あり　約10分・「西高入口」下車　徒歩すぐ
＊古墳群一周約90分

42 浦和・大久保古墳群＝うらわ・おおくぼこふんぐん＝（さいたま市）

荒川左岸を代表する文化、ここにあり

JR京浜東北線・与野駅から

大久保古墳群は、荒川の支流・鴨川のそば、大宮区三橋の側ヶ谷戸古墳群の南にある。大きなポイントは、荒川左岸に最初に造られた古墳があること。

ここでも、東京湾から川を遡ってきたヒトたちのことを考えてみよう。

彼らは、どこに住もうか、荒川を遡り、支流である鴨川に入り、現代のマイホーム探しのように探しまくって、ここに決めたヒトたち。大勢力は生まれなかったが、その後も、近く大久保領家には寺が建ち、延喜式神名帳記載の足立神社もこの辺りに建てられたのではないかとか〜それが浦和の原点になったのかも知れない。ヒトたちが建てた最初は「塚本塚山古墳」、四世紀中頃の前方後方墳。

明治大正年間に前方部が削平されて前方後円*墳と推定されていたが、考古学者・坂本和俊は前方後方墳とし、さいたま市指定史跡となっている。

荒川対岸、支流の

前方後方墳・塚本塚山古墳

新河岸川沿いのふじみ野市権現山二号墳は三世紀後半の前方後方墳であり、お互いに意識はしていたのではないか。

白鍬塚山古墳からは直刀、五世紀中ごろの円筒埴輪が、塚本塚山に近い神明寺古墳からは六世紀後半代の埴輪*が、ほかにもかね山古墳からも円筒埴輪、土師器*、須恵器が発見されている。

鴨川の流れに沿って約三キロも続く大久保古墳群は白鍬支群・約一キロと大久保支群・約二キロに分けられ、後者の方は東西にも住宅地内にまばらに存在している。

データ

◎所在　さいたま市桜区白鍬字木畔、上大久保字天神など
◎形状　塚本塚山古墳は前方後方墳、墳長約60メートルと推定。ほかの10基ほどは径10〜20メートルの小円墳
◎年代　塚本塚山古墳は4世紀中頃。ほかの円墳は5世紀後半から6世紀
◎アクセス　JR京浜東北線与野駅西口から国際興業バス・白鍬電建住宅経由北浦和駅行き約20分、「白鍬電建住宅入口」下車

column

古墳の楽しみ方《その2》

「古墳時代」の専門家である高橋一夫さんからは、「古墳の見方」についてのアドバイスをいただきました。

＊　＊　＊

●高橋一夫さんの場合

（元・埼玉県立歴史と民俗の博物館館長
現・埼玉考古学会会長・草加市在住）

◎見る～古墳の大きさ、高さ、立地。
どんな場所に立てられているか。
近くに川の流れがあるか。

◎想う～古墳の上で行われた首長の霊を引き継ぐマツリのありさま。
この古墳は、当時のヒトにはどのように見えたか。

◎探す～古墳は段築という盛り土を途中途中で叩いて固めながら造るので段がつくが、この古墳では何段か…。普通は三段だが、数えられるか。
棺を運んだ墓道が残っていることがあるが、この古墳はどうか？

せっかくの、古墳との一期一会・真剣勝負のチャンスです。そのチャンスにボーッとごらんになられることはないと思いますが、古墳は現地でないとわからないことも多いのです。

自分の目で見て、自分の身体で体感して、古墳を可愛がっていただきたいと思います。

高橋一夫さんの選んだ埼玉の古墳ベスト10

①埼玉古墳群〈墳丘造り出し・中堤張り出し観察を〉
②鷺山古墳〈手焙形土器出土〉
③大塚豊明神社古墳〈県東部の歴史一変か〉
④野本将軍山古墳〈北関東初の100メートル超〉
⑤山王塚古墳〈下方部63メートルは日本一規模〉
⑥穴八幡古墳〈伝統ない地に突如出現〉
⑦永明寺古墳〈利根川河川交通を掌握〉
⑧飯塚・招木古墳群〈米作地域ではなく、畑作地に出現した豪族〉
⑨お塚古墳*〈上毛野国・多胡郡郡司・羊太夫の伝説あり〉
⑩吉見百穴横穴墓群〈考古学史的意義〉

お塚古墳（小鹿野町）
羊大夫の墓か？　上円下方か？）

V 東武東上線で

古墳のゆりかごを訪ねる

43

穴八幡古墳 ＝ あなはちまんこふん （小川町）

入口の石材とやわらかな墳丘のスロープ

墳丘のスロープの曲線は緑の森を背景になんと柔らかで、やさしいことか。そして、古墳の石室入口の両側に立てられた大きな石材は元からあったものではなく、江戸時代頃に置かれたもののようであるが、違和感なく、現代アートっぽいアクセントになっている。

かたちは*方墳で、*緑泥片岩《りょくでいへんがん》で造られた二つの部屋をもつ構造の石室が開口している。

こんな古墳はほかにはない。小さいが、ピカピカにユニークな古墳である。

周辺も整備されて、古墳を半周している外周*濠とほぼ一周している内周濠がきれいに復元されている。明治十三年（一八八〇）には石室内に*箱式石棺が発見され、金環三、*頭椎太刀《かぶつちのたち》二、圭頭《けいとう》太刀*一、鉄製兜《かぶと》一、蓋及脚付銅鋺一、銅鋺一などまさに小見真観寺古墳（20頁）の後円部石室に匹敵するような豪華な*副葬品が見つかっている。

東武東上線・小川町駅から

小見真観寺古墳は、埼玉《さきたま》古墳群の時代が終わったときに、そのあとを継いだとも思われる四つの大古墳四基の一つである。それと同等の副葬品をもっているのだ。どういうわけで、遠く離れた比企北部の山中に大きな力が移ってきたのか。もっと言うなら、埼玉古墳群は終末のときに四つに分かれたのではなく、五つに分かれたという説さえ、成立するかもしれない。

そのうちの一つが、この比企に移って、前方*後円墳ではなく、当時の流行の方墳を造ったのかもしれないとか…。

細やかな、近代的センスで造られた古墳を眺めながら、私たちの想像の世界は限りなく広がってゆく。

データ

◎所在　比企郡小川町増尾字岩戸
◎形状　方墳*・一辺約28.2メートル
◎年代　7世紀中葉～後半
◎アクセス　東武東上線小川町駅　徒歩約20分

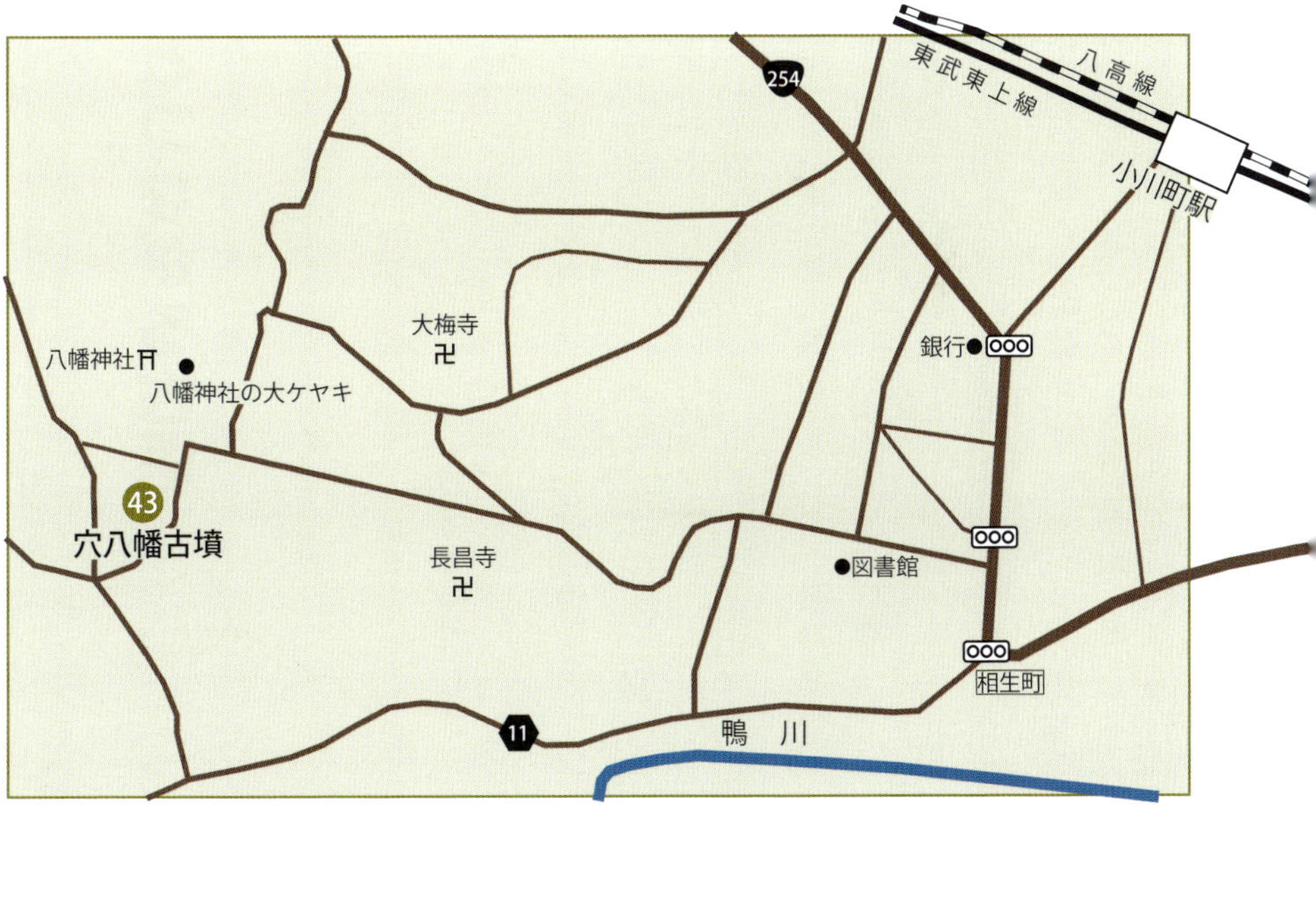

44

月の輪古墳群 ＝ つきのわこふんぐん

関東最古の「寺谷廃寺」へとつながる古墳

（滑川町）

東武東上線・月の輪駅から

古墳群の名前のついた駅？「月の輪」駅に下車して、北口の道をまっすぐ、どんどん歩くと、左側に古墳公園。二基の古墳がある。北東に関越自動車道があって、その下をくぐると古墳がいちばん多いところだったが、ほとんど跡形がない。

関越道に沿った二基と月の輪神社の鎮座している古墳を除いては全滅状態である。

古墳は、五世紀前半から七世紀末まで。壺棺や*横穴式石室など、調査されたものだけでも、円墳五〇基、帆立貝式*前方後円墳二基など。

市野川の対岸、五厘沼のそばにあったというのが「寺谷《てらやつ》廃寺」。この寺は奈良・明日香の「*飛鳥寺」系統の瓦が出土している。しかも、この瓦は「百済の廃寺の瓦と混ぜたら、分からない」というほどのもの。日本で最初に建てられた仏教寺院である飛鳥寺は蘇我馬子が*氏寺として建てたもので、その時には百済から四人の瓦博士が僧や寺工、画工などとともに渡来し、指導にあたったといわれている。

飛鳥寺が建てられてから間もなくのときに、遠く東日本のこの地にどうして、飛鳥寺に続く寺院が建てられたのか、まったく不明。

飛鳥寺は六世紀末から七世紀初頭に造営されたといわれ、この月の輪古墳群の建設年代と重なっている。古墳群のなかには、大きな古墳は存在していないので、大豪族が氏寺として寺谷廃寺を建てたものであるとはいえないだろう。

それでは、こんな山の中に、仏教という新しい宗教の寺院を、誰が何のために建てたのか。

月の輪古墳群は、古墳から仏教の時代へ、時代がかわっていく、その節目にあたる人たちの造ったものとして、興味が引かれる古墳群である。

古墳が小さいといっても、このように大きなナゾを解く大きなカギを握っていることがある。これから、ますます楽しみが多い古墳群である。

そして、もちろん、この「寺谷廃寺」が、その全容を明らかにするまで、古墳群とともに、大切に、大切に守り続けてゆかねばならない。

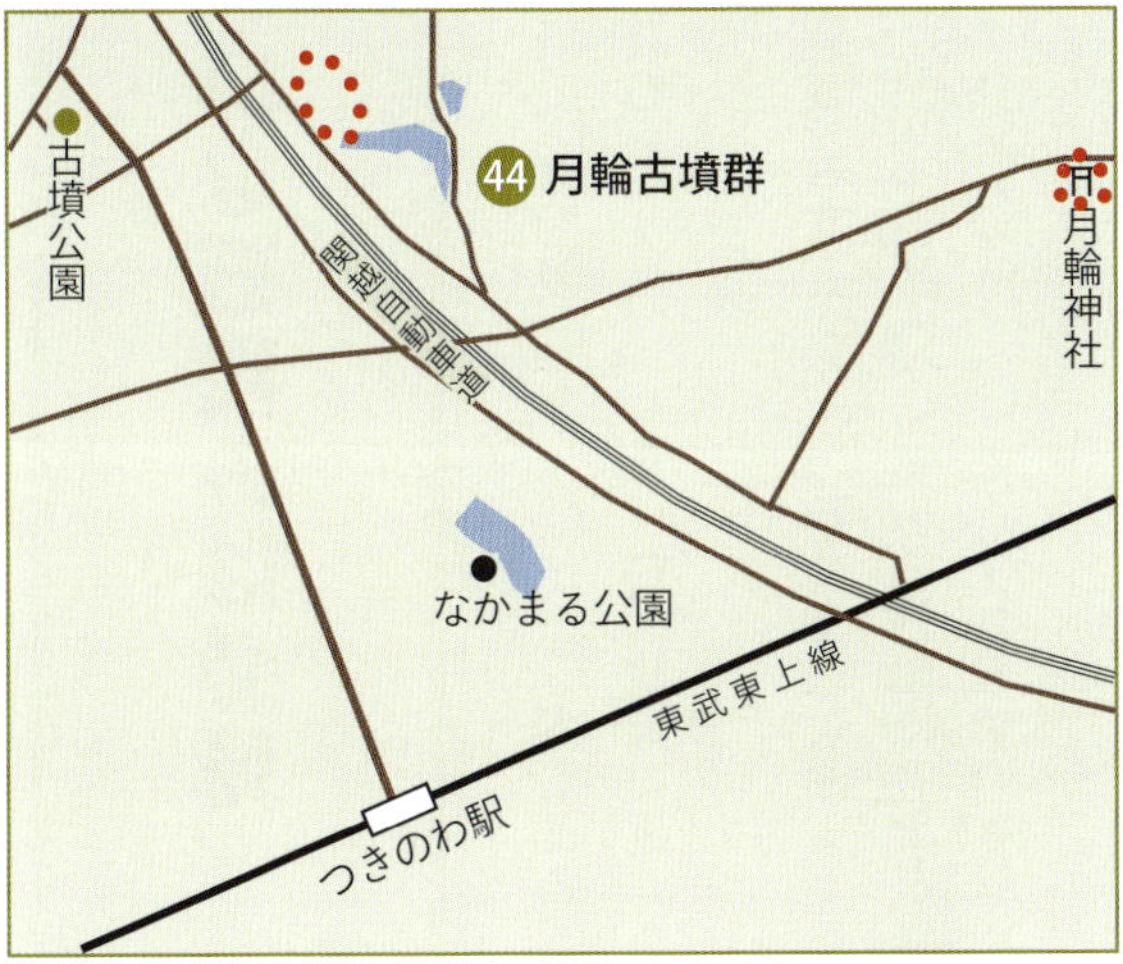

データ

◎所在　比企郡滑川町大字月輪、嵐山町大字田島字屋田ほか
◎形状　帆立貝式前方後円墳2基ほかはすべて円墳
◎年代　5世紀後半から6世紀末
◎アクセス　東武東上線・月の輪駅から徒歩約10分で古墳公園、そのあと徒歩10分で関越自動車道の辺りへ

45

稲荷塚古墳＝いなりづかこふん

（嵐山町）

アーチ状のきれいな石積みは必見

東武東上線・武蔵嵐山駅から

　武蔵嵐山は畠山重忠の居館のあった菅谷館《すがややかた》、木曽義仲の父・帯刀先生源義賢《たてわきせんじょうみなもとのよしかた》の墓とその館である大蔵館跡、義仲が産湯をつかったという清水跡のある鎌形八幡神社、鎌倉街道など、中世の遺跡がいっぱいだが、その前の「古代」の繁栄があってこその中世なのだ。中世の遺跡を訪ねて嵐山を回られるなら、「稲荷塚」もお忘れにならないように。

　武蔵嵐山駅西口を出て、国立女性教育会館への道を約二〇分、右側の中学校のネットフェンスが終わったところに稲荷塚古墳がある。埼玉県立嵐山史跡の博物館へは、次の信号を右。

　昭和二十六（一九五二）年発行の『埼玉県史』によると、この辺りの古墳は現存するだけでも二〇〜三〇あるとあり、出土品としては人物埴輪、馬形埴輪、直刀《じきとう》などがあったと書かれている。

　稲荷塚は天明六（一七八六）年の江戸の国学者の旅日記にも書かれているほど前から開口していたようで、*副葬品はなにも見つかっていないのだが、石室の*緑泥片岩《りょくでいへんがん》の割石の小口積みは、当時の人たちが思いをこめて一つ一つ積みあげた作品であり、必見。

　この石室は、胴張りのある両袖型横穴石室で、それは基本的には直線である石室の両側の側壁が、中間で膨らんだ形でカーブしていることをいうのだが、このかたちについては、*渡来人である壬生吉志《みぶきし》氏の一族が武蔵国に来て広めたものだという説もある。

*羨道《せんどう》という入口部分を失って、直接、石室を見ることになるのだが、もう、そんなものはいい。石室の壁の積石があれば、古代の人たちのこころが、息吹きが伝わってくる。

小さな石を組み合わせて、組み合わせて、この古墳をつくりあげた「きちょうめんさ」を見てくれよ。「きちょうめんさ」は、いつの時代でもいいものだと思うよ…。

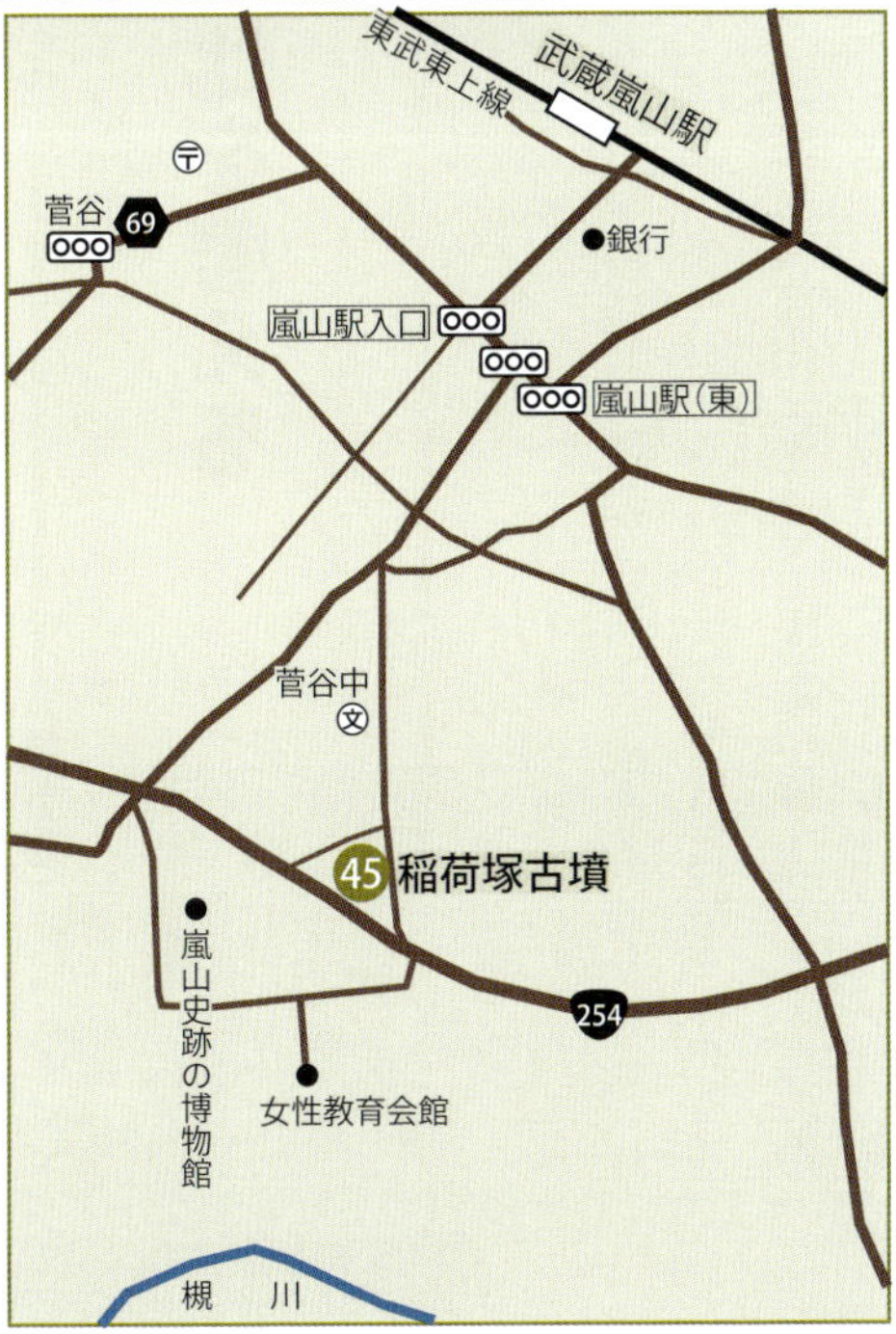

データ

◎所在　比企郡嵐山町菅谷
◎形状　円墳　長径36㍍、短径27㍍
◎年代　7世紀後半
◎アクセス　東武東上線武蔵嵐山駅から、駅正面の道を最初の信号を渡って左折、次の交差点を右折して、あとは菅谷中学校の横を直進徒歩約20分

46

とうかん山古墳 ＝ とうかんやまこふん

お隣の甲山古墳との対比を考える

（熊谷市）

東武東上線・東松山駅から

周りを民家や学校に囲まれている、こじんまりとした*前方後円墳。古墳の上には石碑などがあって信仰の対象でもあったらしく、人々の生活圏の中で、しっかりと残っている。

稲荷社（おとうか様）があったからか、あるいは十日夜《とうかんや》碑があったからか、この名前がついたようである。

かつては、荒川や和田吉野川が造った沖積地を見渡すことができたのだろう。

調査が行われていないので詳細は分からない。出土した円筒埴輪や人物埴輪の頭部などから築造年代を推定して、六世紀中葉から後半代とされている。埼玉《さきたま》古墳群の最後の大型古墳である中の山古墳が造られた時代より少しあとである。

ほぼ同じ時期に、埼玉《さきたま》古墳群の周りに造られた「四天王」といわれる小見真観寺（20頁）・真名板高山（26頁）・天王山塚・若王子（消滅）という全長一〇〇《メートル》クラスと比べると少し小ぶりだが、同じ前方後円墳ということで、古墳の主人公同士はどういう関係にあったのか…。

そして、もう一つ近くにある甲山《かぶとやま》古墳との関係も謎である。同じ時期に造られて片方は円墳、こちらは前方後円墳となったのは、どういうことだろうか。

どちらも、この和田吉野川流域のリーダーであったことは間違いない。それなのに、どうして、形が違うのか。

あなたも、古墳の上に立って、甲山の方を見ながら、どういう理由で、この二つの古墳の形が違うようになったのかの謎について、お考えになってください。

データ

◎所在　熊谷市箕輪
◎形状　前方後円墳　墳長約74トメ ー ル
◎年代　6世紀中葉から後半
◎アクセス　東武東上線東松山駅東口から国際十王交通バス熊谷駅行き約12分「冑山」の次の「水穴」下車徒歩15分
◎問合せ　国際十王交通バス熊谷営業所
048-521-3560

47

甲山古墳＝かぶとやまこふん

直径九〇メートル、結構大きいぞ

（熊谷市）

東武東上線・東松山駅から

直径九〇メートルというのは、円墳では全国五位の大きさである。

平成二十九（二〇一八）年十一月に、これまで一〇二メートルであった富雄丸山古墳（奈良市）が航空レーザー調査で一一〇メートルと発表され、一〇五メートルの埼玉《さきたま》古墳群の丸墓山古墳が一位を陥落したということだが、甲山古墳、丸墓山古墳も同じような調査を受けたらどうなるか、今後の調査を待ち望むところである。

バス停から、山裾の拝殿をめぐって頂上に立ち、周りを見渡すと、墳丘の大きさ、高さに、これを造ったヒトの権力が実感できる。

近年採集された円筒埴輪からは六世紀第3四半期の築造が考えられている。

六世紀からの群集墳*の時代に造られた古墳はほとんどが円墳である。それ以外の時期に造られた円墳には、例えば埼玉古墳群の丸墓山古墳のように、あれほどの大きさいものを造れる実力がありながら、前方後円墳*にしないのは何故か、何らかの理由があったと考えるべきだろう。

その問題が、この甲山と周辺のとうかん山古墳など前方後円墳との関係についてもいえる。考えるべきとはいっても、正解の出ない、大きな古代史の謎である。

なお、江戸時代に編纂された『新編武蔵風土記稿』には、「この塚を掘ったとき、石槨*があって、甲冑、馬上の塑人五つ、玉、鏡や太刀の折れたものがでてきた」とある。

甲山という名がついたのは、この甲冑が出てきたことにちなんだか、古墳の墳丘のカタチが「かぶと」に似ているか、のどちらかであろう。

将来の調査で、武人を葬ったものであるという推定のできる副葬品*が出てきたりすれば、円墳の性格決定にも役立つのであるが…。

県内には丸墓山や関東の石舞台・八幡山古墳（約七四メートル・22頁）など大きな円墳が多い。円墳の謎を解くカギも埼玉県が握っているのかもしれない。

データ

◎所在　熊谷市青山（地図117頁）
◎形状　形状　円墳　径90メートル
◎年代　6世紀中葉から後半
◎アクセス　東武東上線東松山駅東口から国際十王交通バス熊谷駅行き　約10分「青山」下車徒歩5分
＊バスは平日1時間4本以上
◎問合せ　国際十王交通バス熊谷営業所　048-521-3560

☆古墳ファンのために、残って欲しいお店☆

《熊谷駅・熊たまや》
熊谷駅の秩父鉄道改札口前にある、カウンター式のうどんやさん。市内吉岡の里の朝どりの鶏卵が1個、無料でついてきます。熊谷市の「うどんランキング」でも一位。

48 雷電山古墳＝らいでんやまこふん（東松山市）

築造年代は見直されるか、堂々の帆立貝式

東武東上線・東松山駅から

帆立貝式前方後円墳で墳長八六メートルは、東京都の野毛大塚《のげおおつか》古墳の八二メートルをしのぐ堂々たる大きさ。三段に築成された墳丘は、後円部の最上段が盛土*で、一、二段目は地山を削り出して造られている。墳頂部では直線的に並ぶ埴輪列が確認された。頂上の大雷《だいらい》神社への石段に向かって左側の奥に前方部があることが、しっかりと確認できる。

さて、この帆立貝式古墳というのは、どういう古墳なのか。前方後円墳*の前方部が短い古墳である。帆立貝の貝殻のようなので、こんな名前がついた。なぜ、前方部が短いのか。それについては、いまのところ「定説」はない。

考えてみると、①この帆立貝式古墳が、普通の前方後円墳とペアになっているものがある。例えば群馬県太田市の東国最大の前方後円墳・太田天神山古墳とその傍の帆立貝式・女体山古墳。そういう状態だと、前方後円墳が主人公の将軍とか、知事とかで、帆立貝式が副将軍、副知事の葬られた古墳。②また、前方後円墳が夫のもの、帆立貝式が妻のものという考えもあるが。しかし、この雷電山とか野毛大塚はペアを組んでいない。そういう場合はどうなるのか。③どこかにいるナンバーワンに対するナンバーツーのヒトのものと考えるのか。④これはこれで、ナンバーワンであって、何かの理由で前方後円墳が造れなかったヒトのものか。

これは永遠（？）の疑問。専門家が考えても

分からない「疑問」に、挑戦してみてください！

遺物は埴輪*しか見つかっていないようだ。ただ、この埴輪（円筒・朝顔・器台形）のほとんどは「倒立成形」という、先に底部を作り、それを倒立させて完成させるという特異な方法で作られ、土師器*工人が関与したことが推定されるというモノである。

築造は五世紀前半と考えられていたが、いま、野本将軍塚が四世紀後半とされたために、その年代が見直される可能性があるかもしれない。

いずれにしても、この比企での首長の系譜に名を連ねるオオモノの古墳であることは間違いない。

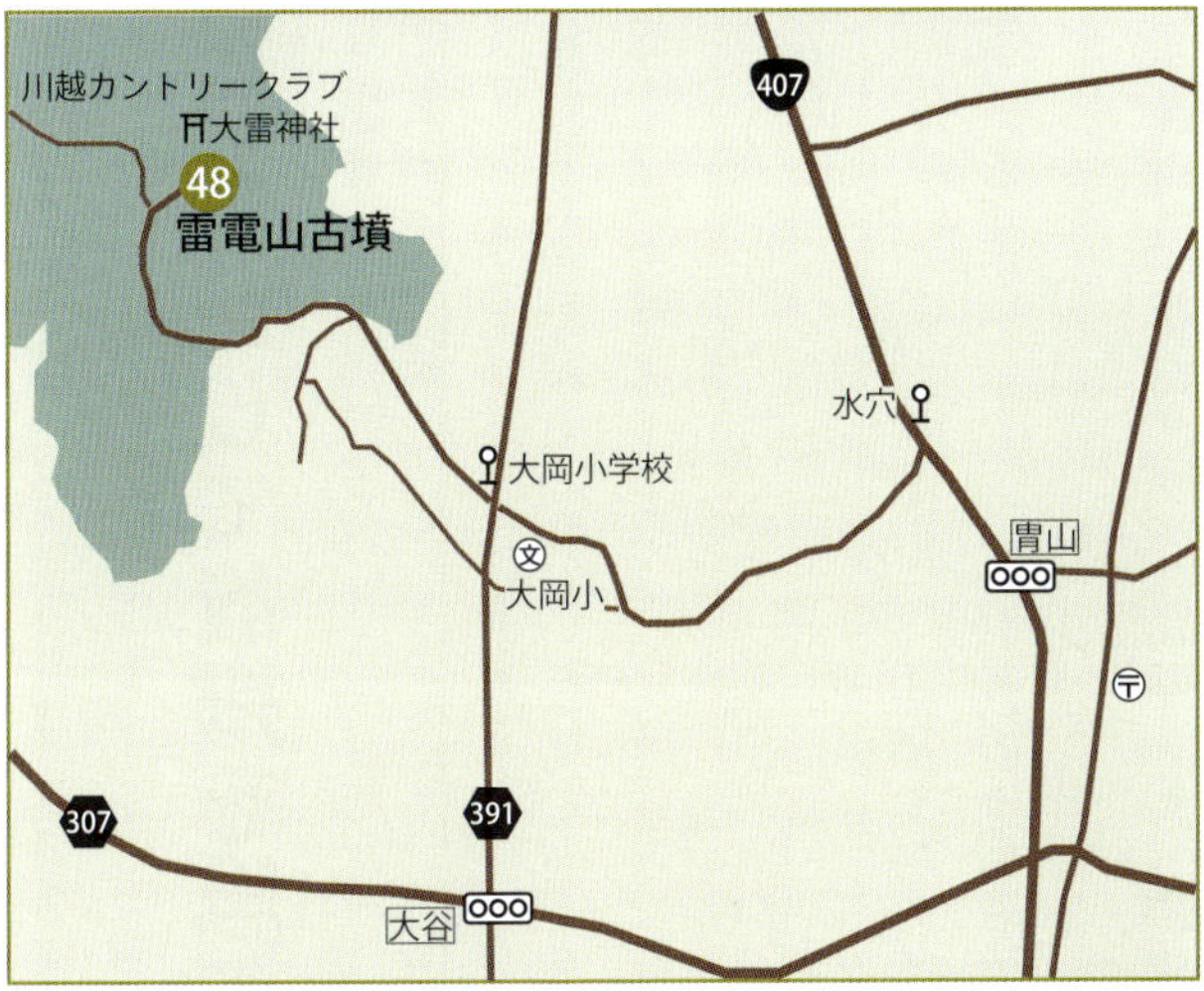

データ

◎所在　東松山市大谷
◎形状　帆立貝式前方後円墳　墳長86メートル
◎年代　5世紀前半
①東武東上線東松山駅東口から国際十王交通バス・熊谷駅行き約12分「胄山」の次の「水穴」下車徒歩15分
◎問合せ　国際十王交通バス・熊谷営業所　048-521-3560
②東武東上線東松山駅東口4番市内循環バス大谷コース「大岡小学校」下車　徒歩10分
◎問合せ　東松山市役所　0493-21-1435

49 山の根古墳＝やまのねこふん

都幾川を見晴るかして故郷を思う

（吉見町）

東武東上線・東松山駅から

丘陵の先端部、都幾川*の流れを見晴るかす木々の中に、穏やかな曲線の古墳が眠っている。

都幾川までの間の耕地には「三ノ耕地遺跡」があって、ここには弥生時代末期の「前方後方形墳丘墓*」が三基含まれていて、この山の根古墳との関係をささやかれている。

三ノ耕地遺跡は三世紀末から四世紀前葉。山の根古墳は、それにつながる四世紀前葉とされている。三ノ耕地の方からは壺や底部穿孔小型壺などが発見されており、山の根のほうからは高坏や「く」の字甕形土器などが見つかっている。都幾川を遡ってきたヒトたちが、ここに定着し、はじめは耕作地のそばに墓を造ったが、そのあと、耕地を確保するために墓を丘陵の上に築いたのか。

その前の時期の、この地域の古墳としては市野川のヒトたちの根岸稲荷神社古墳が四世紀前葉に造られている。根岸稲荷神社古墳も山の根古墳も前方後方墳で、ヤマトのおひざ元の古い古墳は前方後円墳であるのに比べると、なぜ、「前方後方」なのかという大きな謎がある。

埼玉へ来たヒトはヤマトからではなく、「前方後方」がさかんに造られていた東海の出身だからなのだろうか。古墳の形にはなんらかの「意味」があって、こういうことになったと考えざるをえない。

山の根古墳も個人の方の所有地の中にある。長い間、古墳を守ってこられた、そのお気持ちをいつまでもお持ちいただけるよう、見学される方は、留意をお願いしたい。

データ

◎所在　比企郡吉見町久米田山の上（地図123／125頁）
◎形状　前方後方墳　墳長55㍍

◎年代　4世紀前葉
◎アクセス　東武東上線東松山駅東口から川越観光バス鴻巣免許センター行き10分「久米田」下車約10分
＊バスは1時間に2本（15時台は1本）
◎問合せ　川越観光バス・森林公園営業所　0493-56-2001

50

黒岩横穴墓群＝くろいわよこあなぼぐん

吉見百穴を超す、横穴墓五〇〇基

（吉見町）

東武東上線・東松山駅から

静かな山の中、吉見百穴よりもたくさんの横*穴墓があるといわれてきた黒岩横穴墓群だが、残念である。雑草に覆われたりしていて、まともに穴が見られるのは一〇基もない。

吉見百穴と比べると、今、天下に有名なのは、もちろん吉見であるが、実は調査が行われたのは、こちら「黒岩」のほうが先だった。

明治十（一八七七）年、つまりモースが大森貝塚*を発掘した年に地元の好古家・根岸武香によって発掘された。古代への科学的な探究が、この時代に、この場所で始まったのは特筆されるべきことであろう。日本人による考古学的発掘第一号。

土地の人たちは黒岩横穴墓群を「十六穴」と呼んでいた。これは根岸武香らが発掘した横穴*墓の一六基を、その代表と考えたからであろう。

発掘終了後、根岸武香の案内で横穴墓を見学した内務省博物局の柏木貨一郎は、明治十一年四月、東京日々新聞に「黒岩村穴居の記」と題して寄稿、「横穴住居説」を展開した。

日本初の人類学者で考古学の普及に尽力した坪井正五郎は吉見百穴を調査して穴居説を説いたが、その前にすでに住居説があったのである。

この明治十年の発掘の際は須恵器、鉄器、玉類などの遺物が出土した。

その後、昭和三十二年（一九五七）、四四年の二回、分布調査が行われ、首切り谷・地獄谷などという怖い名前の谷、茶臼山・松崎などを含め、五〇〇基ぐらいの横穴墓がある大横穴墓群であり、吉見百穴より大規模ではないかと考えられている。

そして、同じように見える横穴にも、天井がアーチ状とか半円形とか、間口より奥行が長いとか短いとか、排水溝があるとか、ないとか、違うことがあるのは、葬られたヒトの好みか、穴を造ったヒトの身分か、仕事の関係か。いや、そのヒトの身分か、仕事の関係か。

いろいろ考えることのできた「哲学の道」だったが、いまや「雑草の道」である。しかし、人間は考える動物である。雑草に負けずに、穴を前にして、いっぱい考えてみたい。

データ

◎所在　比企郡吉見町大字黒岩（地図123／125頁）
◎形状　横穴墓*500基近く
◎年代　6世紀末から7世紀
◎アクセス　東武東上線東松山駅から川越観光バス10分「久米田」下車 徒歩45分
＊バスは1時間に2本、15時台は1本
◎問合せ　川越観光バス森林公園営業所　0493-56-2001

51 吉見百穴＝よしみひゃくあな

ご先祖はアナの中からニコニコと

（吉見町）

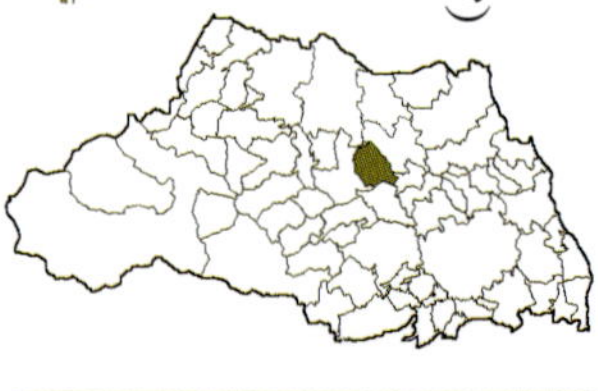

東武東上線・東松山駅から

全国的に有名な、埼玉県の古墳は、この吉見百穴と埼玉《さきたま》古墳群。

たしかに崖にいっぱい穴が開いている。インスタ映えのする光景である。これは何か。

大昔は穴居説と墓穴説が大論戦を繰り広げたことはご存じでしょう。そして、出てきた副葬*品が古墳から出てくるものと同じであることもあり、墓穴説が正しいこととなった。

しかし、まだまだ、謎はいっぱいある。

①同じ時期に造られた古墳（群集墳*の時代＝六～七世紀）に葬られたヒトと、この横穴墓*に葬られたヒトとはどう違うのか。「俺らんところはアナだよ。うちらはヤマだよ」とかだったのか。身分差なのか、お金の差なのか。

②アナを造ったヒトと葬られたヒトの関係は？葬られたヒトの身内で造ったのか、「造る」専門家集団に任せたのか。

③マンションは上の階が値段が高いが、上の穴と下の穴では価値に差があったのか。

④奥さんは自分の実家のアナに入れられたのか。

⑤いったん埋めたあと、何かのトキにはお参りに来ていたのか。

これらの謎は、決して考古学の専門家でないと、解けないものではない。謎解きに挑戦するのも楽しい。

アナは市野川を前に屈託のない明るさで並んでいる。楽しく並んでいる。離別の悲しさは全く感じられない。

ご先祖さまは、アナの中から、子孫のくらしを、ニコニコと笑いながら見つめている。こんな明朗な死生観もあっていいですね。

副葬品は金環、銀環、*勾玉、管玉、大刀、*鉄鏃《てつぞく》、須恵器、*土師器、*埴輪、釘状鉄器など。

データ

◎所在　比企郡吉見町字北吉見（地図123／127頁）
◎形状　横穴墓219基
◎年代　6世紀後葉から7世紀中葉
◎アクセス　東武東上線東松山駅から川越観光バス5分「百穴入口」下車・徒歩5分
＊バスは1時間に2本、15時台は1本
◎問合せ　川越観光バス森林公園営業所
0493-56-2001

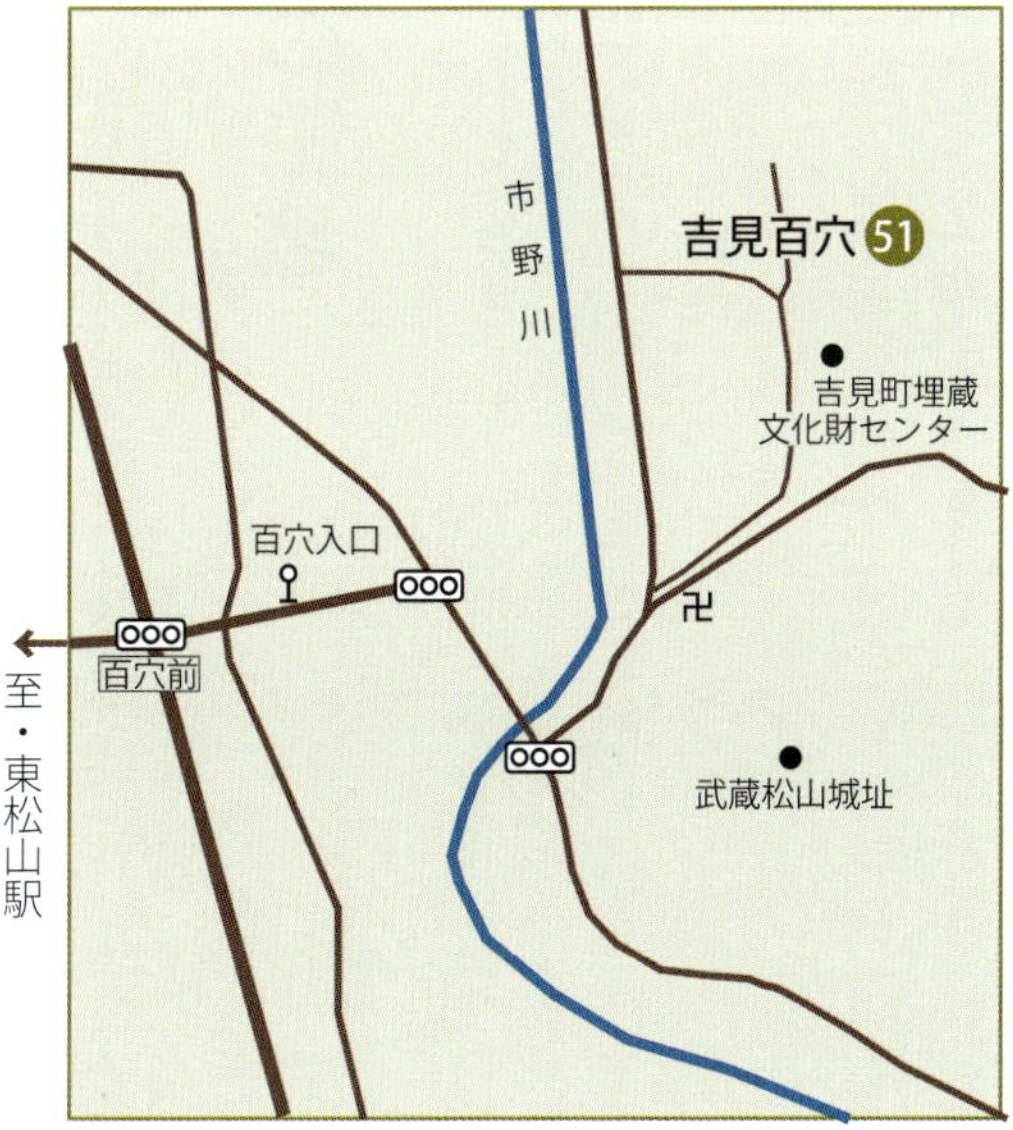

野本将軍塚古墳＝のもとしょうぐんづかこふん （東松山市）

都幾川流域の、ある時代の王者

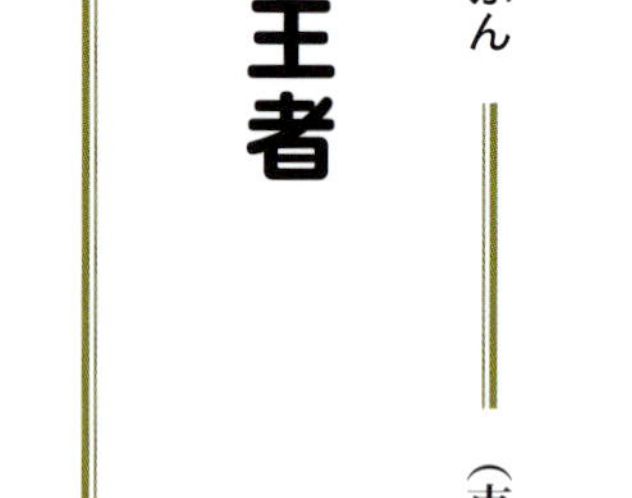

東武東上線・東松山駅から

東松山市の中心部を載せる松山台地の南端に、*都幾川《ときがわ》の沖積地を見渡す、この*前方後円墳は、まさにこの地域の王者であったのだろう。

平成二十九（二〇一七）年一〇月に市教委と早稲田大学による地中レーダー探査やドローンを使った古墳の空撮などの非破壊調査によって、これまで大きな謎であった野本将軍塚古墳の年代が示された。

「四世紀後半」。将軍塚古墳は全長が一一五メートルと、県下最大の二子山古墳（一三八メートル）、二番目の稲荷山古墳（一二〇メートル）という行田市埼玉《さきたま》古墳群の大古墳に次いで三番目を誇る大きさである。調査がほとんど行われていないため、その築造年代は五世紀後半から六世紀初頭とか、西暦五〇〇年前後とか、五世紀中葉から後葉との説などがあったが、しぼり切れていなかった。

そして、今回の「四世紀後半」はいかがだろうか。ちょっと、違和感があるのは、この時代より前には前方後円墳がほとんどなくて、いきなり、大古墳が出てくることである。

四世紀後半の熊野神社古墳（円墳）、四世紀末の諏訪山古墳（前方後円墳）、同・高稲荷古墳（前方後円墳・川口市・七五メートル・消滅）、五世紀前半〜中葉の長坂聖天塚古墳（円墳）、五世紀初頭の雷電山古墳（帆立貝式古墳）、このような時期の列に入ることになる。

東京都大田区・多摩川台古墳群の宝来山古墳（四世紀前半・九七メートル）や亀甲山古墳（四世紀末

～五世紀前半・一〇七メートル）辺りとの関係も考えなければいけなくなってきたようである。

この辺りに、初めての古墳を造ってから約一〇〇年で、これまでに見たこともない大古墳を築いた都幾川流域のヒトたちの意気込みこそ、眼前を流れる川の沃野が育んだものだったろう。

そして、あと一〇〇年のあと、さきたまに大古墳群が造られるまでの間、ヒトたちは、トキをどのように楽しみ、一日、一日を過ごしていたのだろうか。

データ

◎所在　東松山市下野本
◎形状　＊前方後円墳　墳長115メートル
◎年代　4世紀後半
◎アクセス　東武東上線東松山駅から東武バス・川越駅（八幡団地経由）5分「五領《ごりょう》」下車　徒歩15分
＊平日9本
◎問合せ　東武バス川越営業事務所
049-222-0671

53

古凍・柏崎古墳群＝ふるごおり・かしわざきこふんぐん （東松山市）

現代につながっている古代びと

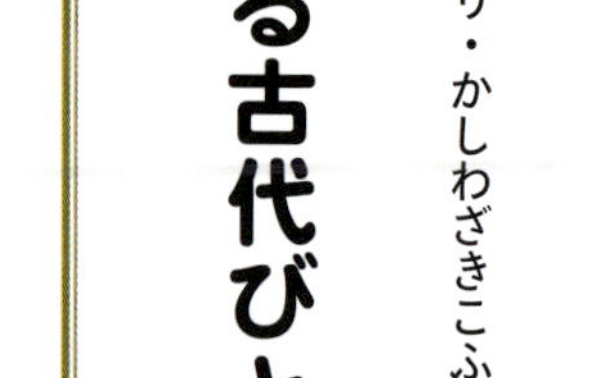

東武東上線・東松山駅から

おくま山古墳

今、この古墳群を代表するのが、「おくま山古墳」。「仇な（婀娜《あだ》な）姿のおくまさん」などという方が登場しそうであるが、名前の由来は頂上に祀ってある熊野神社から。

全長六二メートルの帆立貝式古墳である。馬蹄形の周濠*が、今は埋まっているが約五メートルの幅、一・五メートルの深さで墳丘を一周している。昔は濠で馬を洗っていたとのことだから、大した濠である。

この周濠から盾持ち人埴輪四体と三条突帯で円形の透かし穴のある円筒埴輪が出土している。これらの埴輪*の特徴から六世紀前葉の築造と考えられている。

この古墳群は、いまは古凍古墳群と柏崎古墳群とを分けて考えるべきであるとされており、現存は古凍古墳群で一二基、柏崎古墳群で七基と思われる（平成十六年時点）が、その後も削平されたものもあるようだが。その中には古凍の下道添（Ⅲ）二号墳（前方後方形周濠墓）と柏崎天神山古墳（前方後方墳）の二つの初期古墳が含まれている。

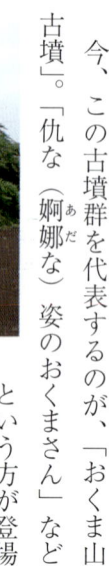

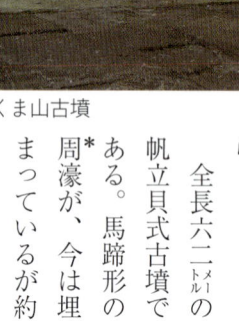

近くの根岸稲荷神社古墳とあわせ、この辺りに、東松山市の、あるいは埼玉県の、あるいは東国の古墳時代の幕をあけるカギが眠っているようだ。

この柏崎古墳群とかさなっている番清水遺跡は、弥生時代から平安時代までの複合遺跡で、広がりは約一〇ヘクタル以上という大遺跡。

竪穴住居七三軒、古墳時代後期の鬼高期の住居跡から出た壺の中には、滑石製*勾玉が三三八個出土した。古墳時代前期の*方形周溝墓は一辺が二二メートルという極めて大きな規模であったなど、注目される点が多い。

東海地方から、海岸に沿って、舟でやって来たヒトたちは、新天地を求めて、東京湾から荒川を遡って、市野川に入って、ここにたどり着いたことが考えられる。

こういうヒトたちが、埼玉に入ってきてくれて、それから今、私たちが住むようになった。その昔も、今の私たちにつながっているのだ。

データ

◎所在　東松山市大字古凍・柏崎
◎形状　前方後方墳、帆立貝式*前方後円墳、円墳など現存19基（平成16年時点）
◎年代　4世紀代～7世紀中葉
◎アクセス　東武東上線東松山駅から東武バス川越駅行き「古凍」下車。徒歩の目標・大倉工業へ15分、環境センターへ25分　＊バスは平日10本
◎問合せ　東武バス川越営業事務所　049-222-0671

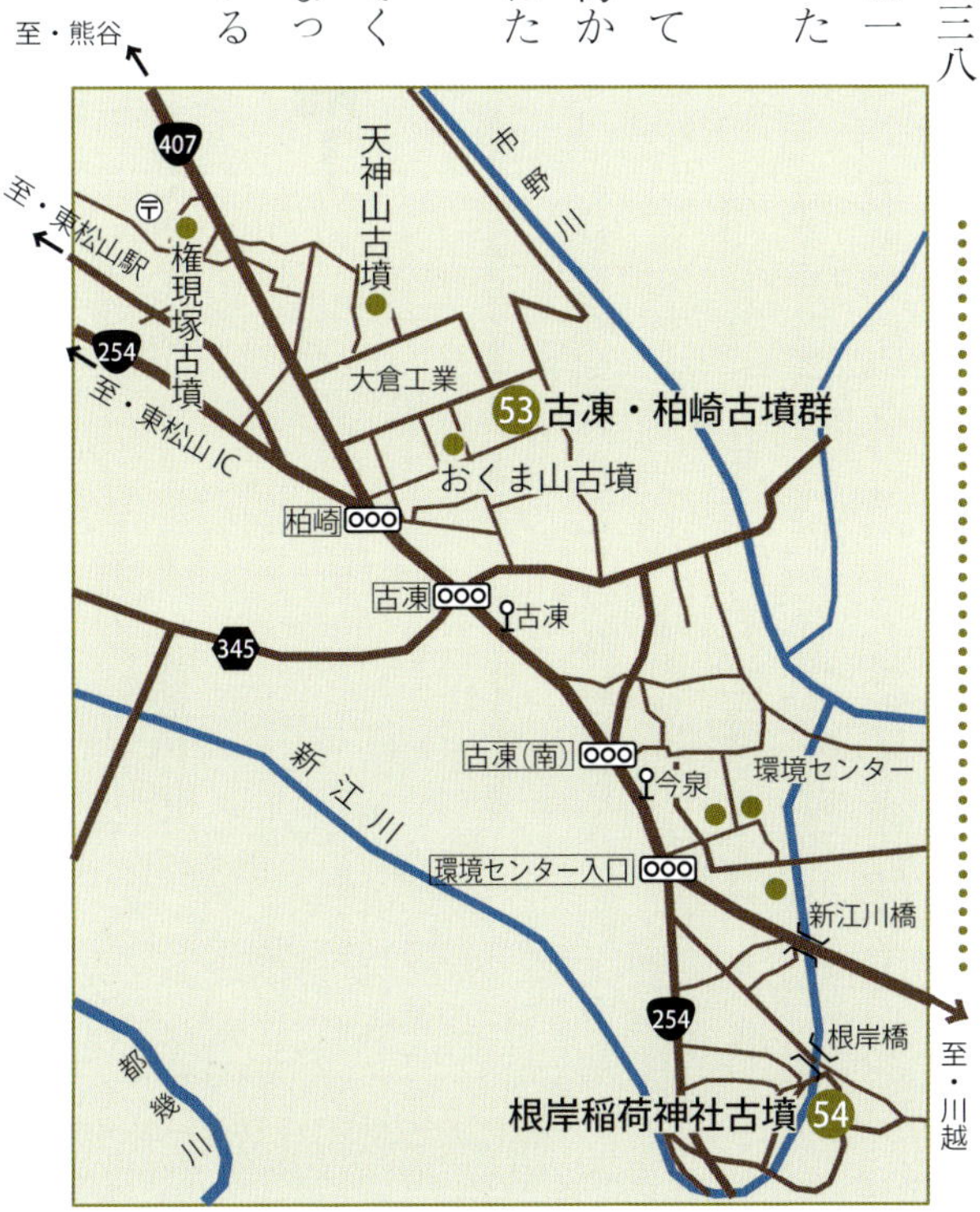

54 根岸稲荷神社古墳＝ねぎしいなりじんじゃこふん（東松山市）

「県内最古」の有力候補！

東武東上線・東松山駅から

この東松山辺りでは、荒川へ注ぐ支流には、越辺《おっぺ》川、都幾川*、市野川などがあり、東武東上線の電車から、次々に見える川の光景が楽しみである。

それぞれの川を、三世紀後半（一七〇〇年前）に東京湾から遡ってきて自分たちのムラを作ったヒトたちが、まだ、きちんとしたカタチも決まってなかった「古墳」というものを造った。この辺りは、埼玉県の古墳時代のゆりかごともいえる地域。

根岸稲荷神社古墳は、中でもいちばん古い、いや、埼玉県でも「最古」の有力候補の古墳である。

三世紀前半の纏向型《まきむくがた》前方後円墳*の時代、そして邪馬台国の女王・卑弥呼*の死が二四七年か二四八年と推定され、その墓といわれる箸墓《はしはか》*古墳（奈良県）が造られたのが三世紀半ば。根岸稲荷神社古墳の時代の三世紀後半はヤマトの「古墳時代のハジマリ」と、ほとんど同時期といってもよい。

それにしては、この根岸稲荷神社古墳、残念ながら、新江川《しんえがわ》の改修工事で一部を破壊され、瀕死の重傷。でもなんとか残って、よかった、よかった。

墳丘をめぐる周濠*から、本来は弥生土器である吉ケ谷《よしがやつ》式系の壺や東松山の五領《ごりょう》遺跡の名のついた五領Ⅰ式の壺型土器が見つかっており、土器の底には、吉ケ谷式系では焼かれてから開け

られた穴、五領Ⅰ式では焼かれる前に開けられた穴があり、これらは墳墓に供えられたものと考えられている。

　底に穴を開けるということは、それが現世のものではないという区別の表明ではないか～という説がある。底部穿孔《ていぶせんこう》の風習の出現には近畿説と東海説があるが、ここで使われた土器は、この地元のもの。

　この古墳のカタチ「前方後方墳」、これも東海地方発祥の古墳であろうと思われる。

　新しい文化、「前方後方墳」と「底部穿孔」を持って西から来たヒトたちは、地元の土器を埋葬儀礼に使っている。現地のヒトと仲良くなって現地のモノを堂々と使っている。

　それぐらいの積極的な気持ちを持ったヒトたちでなければ、新天地の開拓はできなかったはず、でもある。

データ

◎所在　東松山市大字古凍字内袋（地図131頁）
◎形状　前方後方墳　長さ25㍍以上
◎年代　3世紀後半
◎アクセス　東武東上線東松山駅から東武バス川越駅行き「今泉」下車、徒歩10分　＊平日1日10本
◎問合せ　東武バス川越営業事務所　049-222-0671

55 諏訪山古墳＝すわやまこふん

「県内最古」の前方後円墳

（東松山市）

東武東上線・高坂駅から

諏訪山二九号墳の右横、林の中にある。前方後方墳である二九号墳のほうが古く、*前方後円墳であるこちらの方が新しい。後円部はかなり高く、前方部は低く、その差が大きい、初期の前方後円墳の特徴を示している。*埴輪、*葺石が存在しないことから四世紀後半のものかと考えられている。

県内の前方後円墳としては第一期生で、同期には川口市の高稲荷古墳があるが、こちらは惜しくも消滅。県外では川崎市の白山古墳や横浜市の観音山古墳などに類似する形態であるとされる。

先行する前方後方墳には、根岸稲荷神社古墳、鷺山古墳（52頁）、山の根古墳、塩古墳一号墳・三号墳（90頁）、それにお隣の諏訪山二九号墳がある。

前方後方墳の時代が終わり、前方後円墳の時代になるトキである。そのトキはまた、ヤマト政権が、地元の有力豪族を政権内に組み入れつつある時期でもある。どのような交渉をしたのだろうか。地方の豪族のほうは、「大きなまとまったグループの入るのもよいなあ」という思いもありつつ、「いやあ、自分たちだけで自由にできるのもよいなあ」という気もある、どちらを取るか、難しい時期。

グループに入ると、古墳の造り方などを教えてもらえたのだろう。どういう風に教えてもらったのか、設計図がもらえたのか？　技術者

を派遣してもらえたのか？　大きな謎が、古墳の中に埋められている。

＊武蔵国でいうなら、同じ時代のものは東京都大田区田園調布の宝来山古墳である。国の北と南とで両者は前方後円墳。「川の流れを見ながら、永遠に休みたい」という気持ちが同じだったから、かたや多摩川、かたや＊都幾川と川を見下ろす立地条件をとったのか。

そして、もう一つ、お隣の諏訪山二九号墳との関係も謎である。親と子か、孫か。それとも首長権を受け継いだ「赤の他人」か。千数百年の謎が緑に包まれている。

データ

◎所在　東松山市大字東本宿（地図137頁）
◎形状　前方後円墳　墳長75メートル
◎年代　4世紀後半
◎アクセス　東武東上線高坂駅から徒歩約20分
＊私有地につき見学には注意を！

56

諏訪山29号墳＝すわやま29ごうふん

四世紀前半、初期古墳の仲間

（東松山市）

東武東上線・東松山駅から

高坂台地の北の裾を都幾川*が流れている。その裾は、廃線となった貨物線が削っていて、この古墳も半分ほどしか残っていない状態である。

昭和五十九（一九八四）年の調査は前方部の前半部分については手つかずだが、全体の規模と前方後方墳であることが確認されている。

その際、見つかった壺形土器には畿内系の茶臼山式土器にもとの形が求められる焼成前《しょうせいぜん》底部穿孔《ていぶせんこう》土器と東海南部に分布圏のある大廓《おおくるわ》式土器があり、器台形土器は布留《ふる》式土器と考えられるものであって、このような外来系土器の出土が注目されている。

在地の五領《ごりょう》式の古い時期の小型器台形《きだいがた》土器、二重口縁壺形土器*なども発見されている。

ここに葬られたヒトは、自分たちが遡ってきた都幾川と、先住していたが友好関係を築いてくれたヒトのいた東松山市の五領の地を眺められる場所を選んだに違いないだろう。

そして、墳丘は最新式の前方後方墳。ヒトたちは初めての「古墳」というものを、一生懸命、苦労して造ったのだろう。首長権を引き継いだ新しいリーダーは、前方部で、初めての権利承継の儀式をスムーズに行えたのだろうか。

そんな場面を、今は茂る樹木と下草が思う存分隠して、私たちの想像の邪魔をしている。

しかし、この古墳も築造年代が四世紀前半と、県内のトップを争う古いもの。しかも、他の地方との交流の歴史を握っているもの。これ以上崩されないように、大切に保存してゆきたい。

　林の奥の諏訪山古墳や、少し離れた浅間神社古墳もお忘れなく。

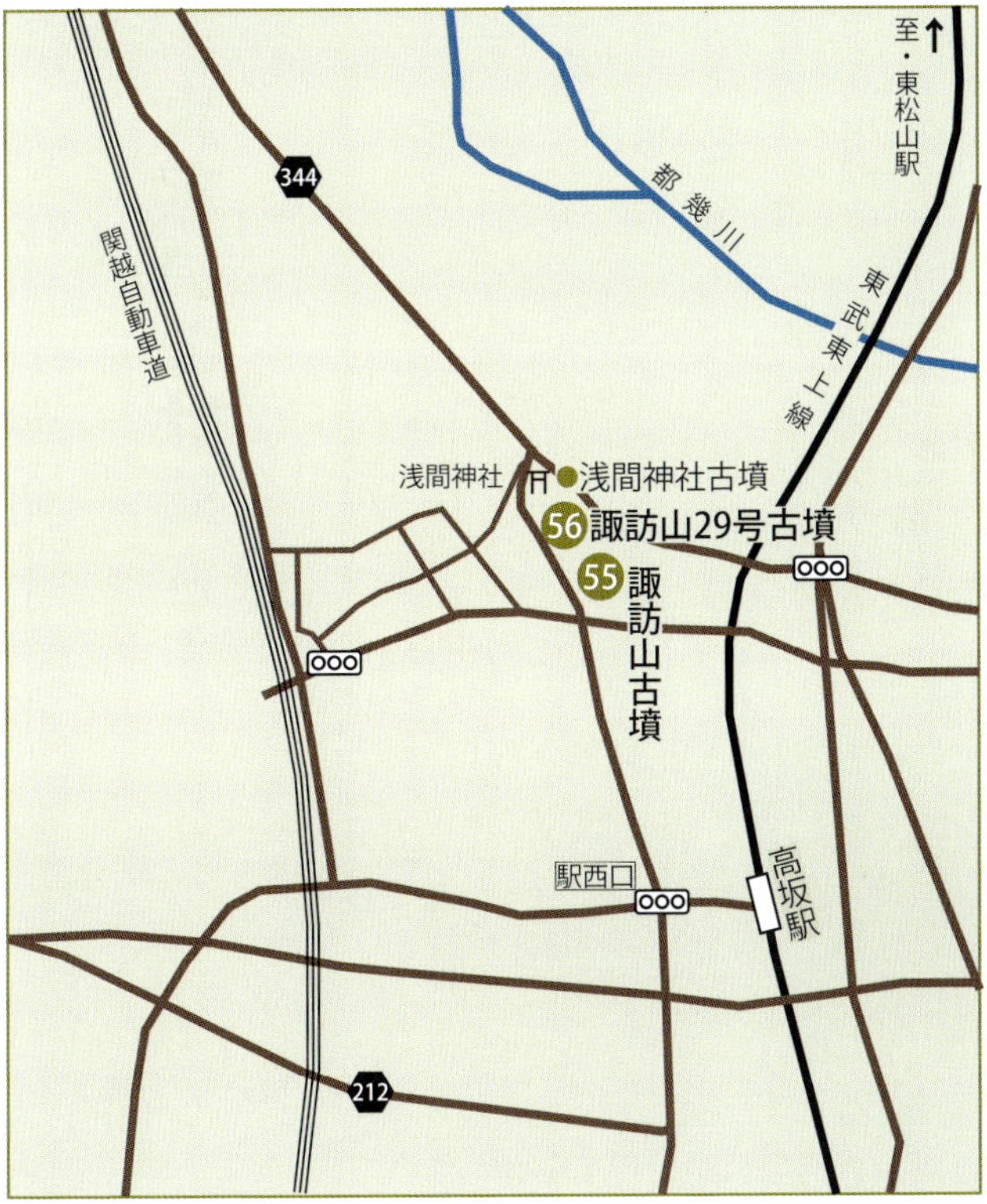

データ

◎所在　東松山市大字西本宿
◎形状　前方後方墳　長さ53㍍
◎年代　4世紀前半
◎アクセス　東武東上線高坂駅西口から徒歩約20分

57 胴山古墳＝どうやまこふん

越辺川流域なら、大きいのは俺さ！

（坂戸市）

東武東上線・若葉駅から

越辺《おっぺ》川の沖積地を見下ろす台地の上に立つ、全長六三・二一メートルで木が繁り、かなりの威容を誇る*前方後円墳である。

属する新町古墳群は、このほか円墳八基と*方墳一基で構成され、東南の前方後円墳・雷電塚古墳（径四七メートル）を含む雷電塚古墳群六基とさらに東南の牛塚山古墳群の一〇基以上の円墳を従える立場であったかと思われる。

川越の牛塚古墳が全長四七メートルで入間川流域の最大を誇っているのに負けず、「越辺川流域なら俺さ！」というのが、この胴山古墳である。

そして、近くの勝呂《すぐろ》白山神社の三メートル四方の黒褐色の巨石が、胴山古墳の石室の一部ではないかとの推測と墳丘から採取された*埴輪の破片から六世紀後半の築造と考えられている。

埼玉県の古代寺院は、日本で最古の寺院・*飛鳥寺（奈良県・明日香村。五九〇年から築造にかかる）ができた直後、七世紀初めに滑川町に造られた寺谷《てらやつ》廃寺をもっ

て初めとする。

胴山古墳の時期である六世紀後半の直後であり、古墳のすぐ近くにある勝呂廃寺は、それから一〇〇年経たない七世紀後半。

塔の真上に付けられた相輪の一部が発見され、礎石は見つかっていないが掘立て柱の跡とも思われる、非常に大きな柱の跡や基壇状遺跡が見つかっている。

原島礼二氏（埼玉大学名誉教授・歴史学者）は、この廃寺について、勝呂氏との関係を説いて、勝呂氏は秦《はた》氏系とされ、蘇我氏につながるとされている。

いずれにしても、勝呂廃寺は越辺川流域の新町古墳群、雷電塚古墳群、そして牛塚山古墳群のヌシたちが力をあわせて造った寺院であったのだろう。

寺院のつながりも推測され、また、埼玉《さきたま》古墳群の盟主権解体のあとの政治権力の行方も考えてみたい楽しい古墳である。

データ

◎所在　坂戸市石井
◎形状　前方後円墳*　墳長63.2メートル
◎年代　6世紀後半
◎アクセス　東武東上線若葉駅から東武バス八幡団地・川島町行き9分「勝呂小学校入口」下車徒歩10分
◎問合せ　東武バス坂戸営業所　049-283-5279

58 苦林古墳群＝にがばやしこふんぐん

（坂戸市・毛呂山町）

前方後円墳が五基もあるぞ

東武東上線・坂戸駅から

＊前方後円墳というのは、古墳の最高峰である。小さいけれど、それが群の中に五基もあるということはタダモノではない。

坂戸市と毛呂山町の境界にまたがって存在。坂戸市側は塚原古墳群といい、一四基の古墳、うち三基が前方後円墳。毛呂山町側は大類《おおるい》古墳群で、三九基の古墳、うち二基が前方後円墳。この二つを総称して苦林《にがばやし》古墳群である。

この古墳群が造られ始めたのは六世紀というから、埼玉《さきたま》古墳群とほぼ同じ時期。誰でもが、そう簡単に前方後円墳を造れた時期ではなかっただろう。にもかかわらず、五基も造れたのは、ほかの古墳群のヌシたちとどこが違っていたのだろうか。古墳の形や大きさに規制があったのではないかと思われるが、この苦林地区にはルールが及んでいなかったのだろうか。不思議な、「ちょっと違う」一族が、苦林で栄えていたのだ。

その後、七〇〇年ほど経った南北朝時代、南朝正平一八年（一三六三）、ここは足利基氏と芳賀入道禅可とが戦った戦場「苦林古戦場」になった。古墳が、その時の戦死者を葬った墓であるという伝説もある。

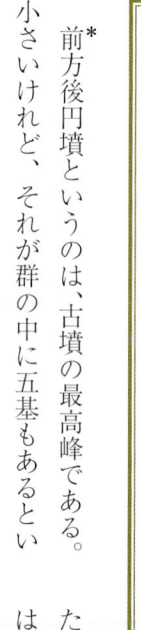

しかし、この小さな山は、その時代のものとは明らかに違う。

こんな山がいっぱいあれば、子供たちのいい遊び場ではなかったか。この頃の子供たちは何をして遊んでいたのか。そういえば、子供の

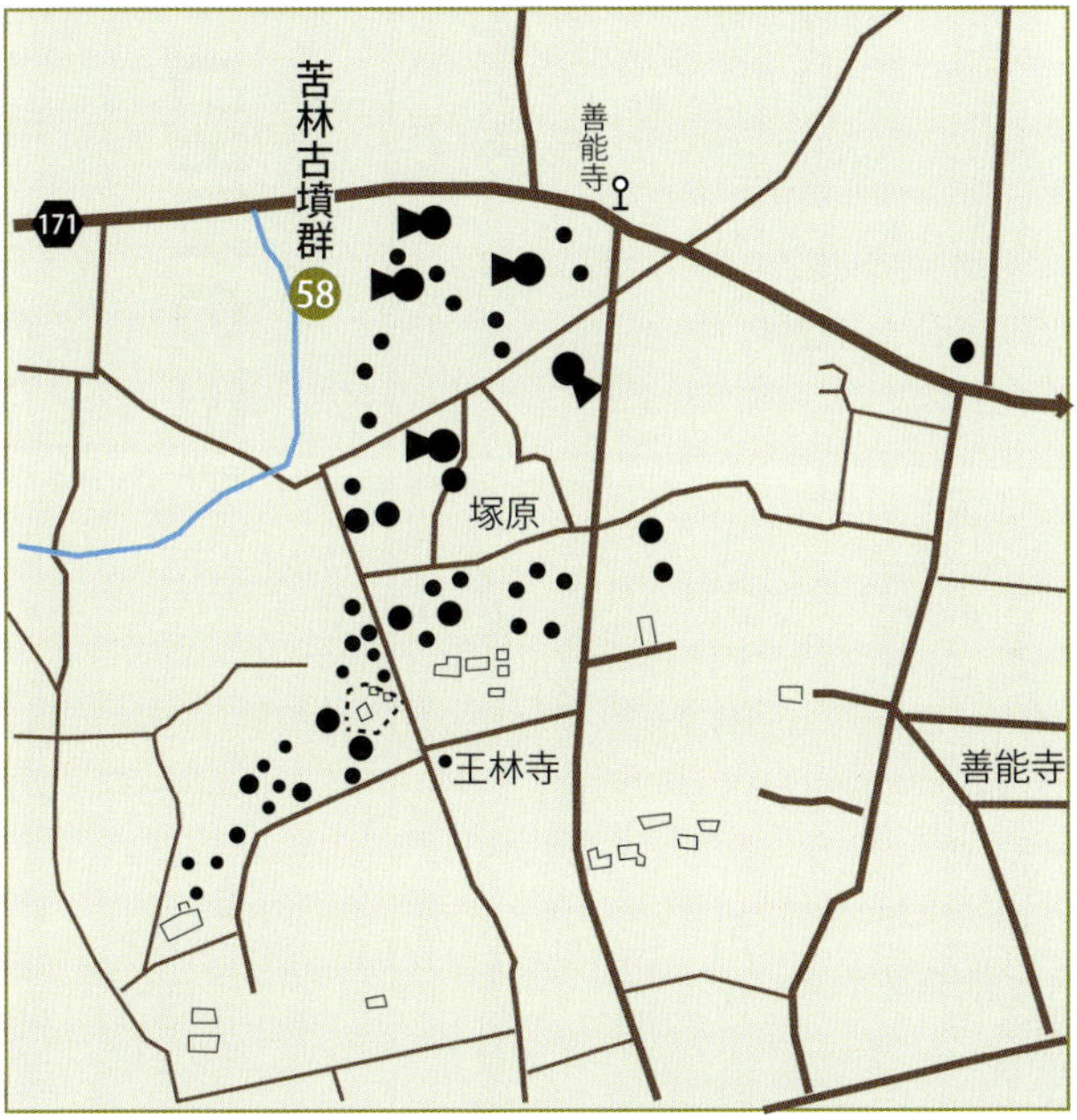

*埴輪がないのも不思議だが…。大人の仕事もいっぱい手伝いながら、受験勉強もない、ゲームもない子供たちは、古墳群の中で思う存分走り回っていたのだろう。子供たちにピッタリの遊び場。墳丘の影から歓声と一緒に、人なつっこい子供たちの顔が、見え隠れしている。

データ

◎所在　坂戸市善能寺および毛呂山町大類・川角

◎形状　*前方後円墳5基、ほかに円墳47基（滅失も含む）

◎年代　6世紀前半から7世紀

◎アクセス　東武東上線坂戸駅北口から川越観光バス9分「善能寺」下車すぐ　＊1時間1〜2本

◎問合せ　川越観光バス　0493-56-2001

59

慈眼堂古墳＝じげんどうこふん

ここは川越の「王家の山」

（川越市）

東武東上線・JR川越線・川越駅から

名実ともに埼玉県内の大寺院である「喜多院」。平日でもお詣りの方、観光の方、にぎやかである。その中のどこに古墳があるのかなぁと見渡すと、たしかに古墳がある。

天海大僧正を記念した慈眼堂が墳丘の上に建てられている。徳川家康の側近。諡号《しごう》は慈眼大師。会津出身説、足利義澄の落胤説、明智光秀の生き残り説あり。

この喜多院の山門の東に喜多院多宝塔古墳（仙波日枝神社古墳）がある。天海大僧正は寛永一五（一六三八）年にその中心部に多宝塔を建てようとしたが、工事中に*勾玉・鉄片が出土したため、その由緒を書いて、小さな石箱に収め埋納した。

それが大正一三（一九二四）年の県道工事中に再発掘されている。また、昭和五十二（一九七七）年の駐車場工事の際の発掘調査でも古墳の*周濠の一部と円筒埴輪などが見つかった。

要するに、ここは仙波古墳群の「真っ只中」なのである。四世紀末築造の三変稲荷神社古墳から続く王家の山だ。エジプトはルクソールなる「王家の谷」に対抗する「王家の山」だ。

実は、調査が行われていないため、*前方後円墳かどうかは定かではないが、前記の多宝塔古墳が前方後円墳であり、それより規模が大きいと思われるので、まあ、間違いはないところ。

六世紀の荒川右岸の前方後円墳としては、北

に坂戸の胴山古墳、同じく川越の牛塚古墳、南に朝霞の柊塚《ひいらぎづか》古墳、そしてこの慈眼堂。

同時期の荒川左岸といえば、埼玉《さきたま》古墳群。

その大首長たちとの何らかの連携のもとに、この地域を分割統治したものと想像されるのだが、怖い関係であったか、優しい関係であったか。

　しかし、今、埼玉古墳群よりたくさん観光客が来て、もてていることは事実ですね。

データ

◎所在　川越市小仙波町（地図143・145頁）
◎形状　前方後円墳　墳長80㍍
◎年代　6世紀
◎アクセス　JR川越線・東武東上線「川越駅」からバス「喜多院」など下車徒歩すぐ。
＊路線バス多数あり
◎問合せ　川越駅観光案内所（年中無休）049-222-5556

60 三変稲荷神社古墳＝さんぺんいなりじんじゃこふん（川越市）

小さい「お稲荷さん」と見くびるなかれ

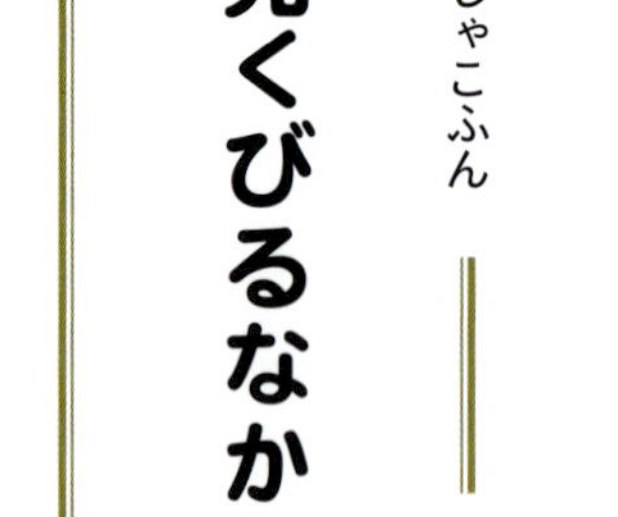

東武東上線
JR川越線・川越駅から

「三変」とは何であろうか。釈迦が国土を三度変じて浄土にしたことをいうらしいが？

そのような哲学的な思想が、この小さな地面のふくらみに関係あるのかと思われる。それは別としても、埼玉で気にしなければならない古墳である。

気にするのは、①四世紀末という初期古墳である。②*副葬品として*鼉龍鏡《だりゅうきょう》と*碧玉製石釧《へきぎょくせいいしくしろ》が見つかっている。③単口縁《たんこうえん》と有段口縁の底部穿孔《せんこう》した壺が多数、墳丘の裾に置かれていたものが、*周濠から見つかっているのは*埴輪の役割だったのか。④そして、*方墳だけが一基、ここにあるのはなぜか。

新河岸川を遡ってやってきたヒトたちのオサは、川のそばで米をつくり、一生を終えると高地に、ニューファッションの埋葬方法で葬られた。

初期古墳の方墳は、たいてい前方後方墳とのセットで造られたものが多いようだ。しかし、ここでは一基。これは、配偶者を亡くしたヒトの墓なのか。初めて*方墳をつくるとき、設計図もないときに、これは難しかっただろう。葬儀のセレモニーは、滞りなくできたのだろうか。

ここは偉い方々にはずいぶん好まれる場所だったようで、古墳時代でも後期には、今の川越城・喜多院の中の慈眼堂古墳や仙波日枝神社古墳などが造られ、鎌倉時代には入間川辺りに城館をおいた河越氏、時が移ると、古河公方、足利成氏と上杉氏方の大田氏の攻防、北条氏の支配から徳川氏重臣の居城と歴史の節目節目に政治的ポイントとして登場する「川越」の原点は、ここに三変稲荷神社古墳ができたときに造られたのである。

この古墳の出土品は川越城本丸御殿そばにある川越市立博物館に展示されているので、ぜひ、見ておきたい。

データ

◎所在　川越市小仙波町4丁目（地図142／145頁）

◎形状　方墳　一辺20～25メートル

◎年代　4世紀末

◎アクセス　JR東武東上線・川越駅から徒歩約20分

＊バス路線も多数あり

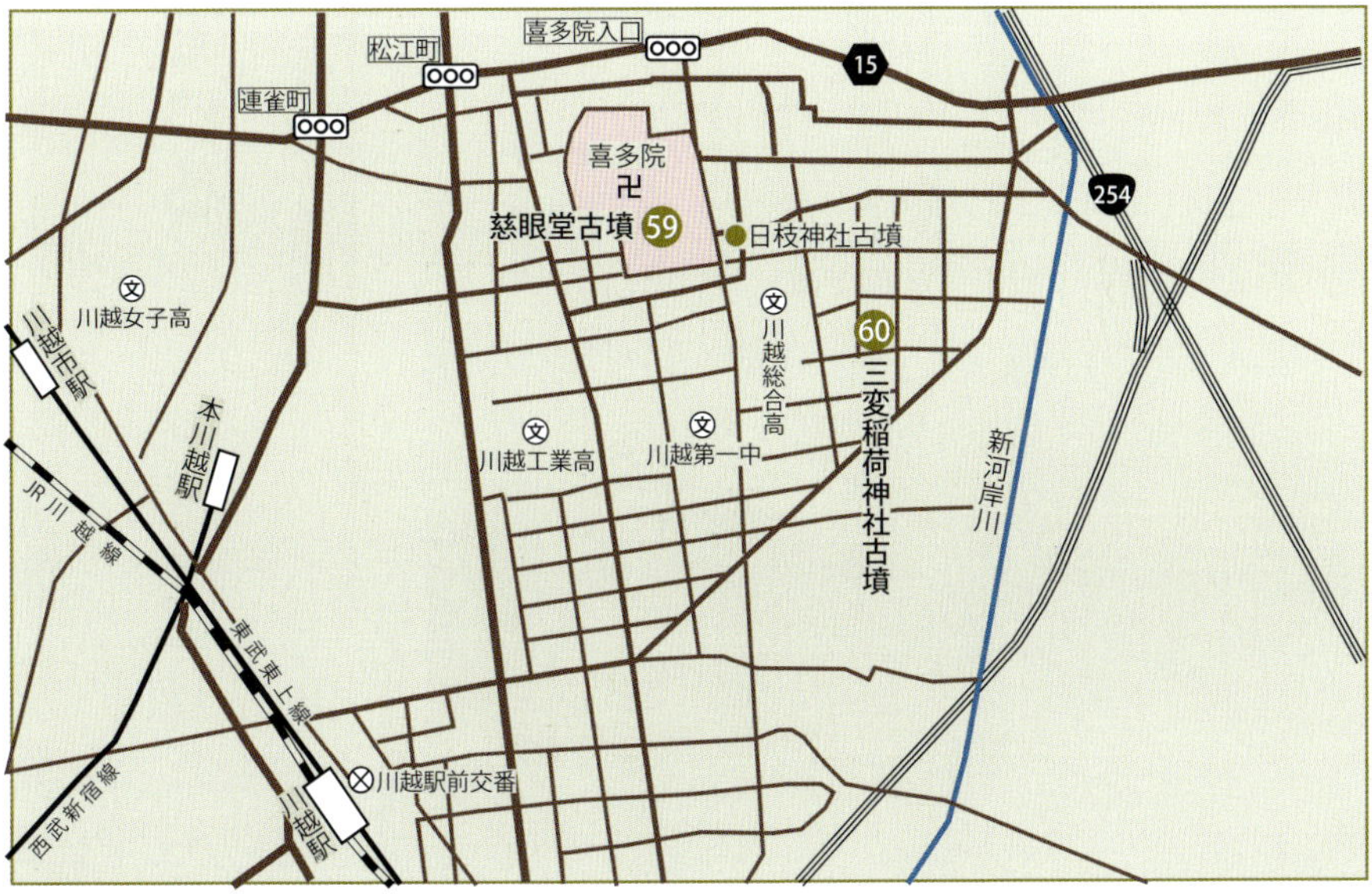

61 広徳寺古墳＝こうとくじこふん

古代と中世とが隣り合っている

（川島町）

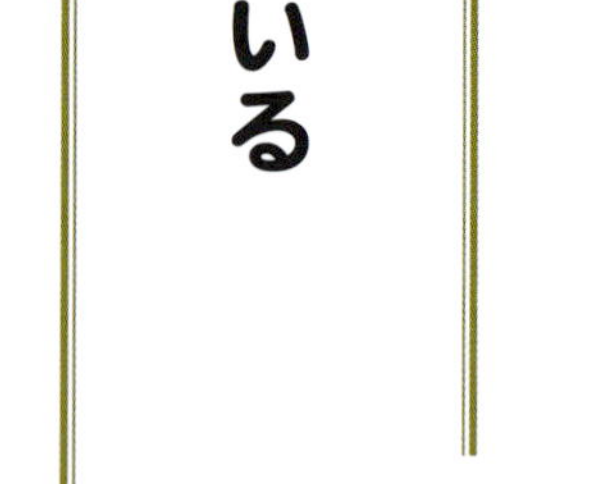

東武東上線
JR川越線・川越駅から

川島町という、大河・荒川のそばにあって、古墳があるのが想像しにくいようなところにも、古墳はある。

その中の一つが広徳寺古墳。広徳寺というのは、三間四面の寄棟造り。カヤ葺きの大御堂《おおみどう》が県内の建築物として現存最古級のものの一つ（国・重文）で有名なお寺。開基は中世のこの地・三保《みお》（尾）谷郷《やごう》出身の関東武士・三尾谷四郎広徳という。

彼は源頼朝の家臣で『平家物語』や謡曲「八島」に悪七兵衛景清《あくしちひょうえかげきよ》と争ったことが語られ、大御堂は北条政子が願主となって建立したと伝えられている。

大御堂のカヤ葺き屋根の曲線を楽しみながら、裏へ回ると古墳がある。半分は墓地に利用され、墳頂には江戸時代に建てられた美尾谷広徳碑がある。

江戸時代に、五個の馬鈴《ばれい》*と円筒埴輪が出土したことが、『埼玉県史』に記載されており、『新編武蔵国風土記

広徳寺　大御堂と緑の広徳寺古墳

稿』には、このほか鏡の出土が書かれている。

大河のそばを勇気をもって開拓した人々のリーダーの残した古墳。そして何百年かのあとに、血のつながりはないだろうが、この地に生まれ、勇猛な精神をこころのどこかで受け継いだ鎌倉時代の武蔵武士。そういう人たちの心にも、美しい大御堂を生んだセンスがあった。

約二キロで遠山記念館がある。これは旧日興証券の創始者・遠山元一の邸宅で昭和十一（一九三六）年に完成。書院造と数寄屋造の二通りの建築技法による本格的和風建築。遠山氏が長年にわたり収集された美術品が多く展示されているので、お見逃しなく。

古墳、古建築、そして美術館と、路線バス利用で川島町に行っても、楽しい、文化的な一日を過ごすことができるコースである。

データ

◎所在　川島町表
◎形状　円墳　径約20メートル
◎年代　不明
◎アクセス　JR・東武東上線川越駅から桶川駅西口行き（山ヶ谷戸経由）東武バス約30分「牛ヶ谷戸」下車徒歩10分　バス路線前方の「川島アグリン」の建物を右折。
＊「川島アグリン」（農産物直売所）の商品もおすすめ。
◎問合せ　川越駅観光案内所（年中無休）
049-222-5556

62

牛塚古墳＝うしづかこふん

牛の寝姿…、のんびり

（川越市）

東武東上線・霞ケ関駅から

古墳のネーミングで、まさにぴったりというのが、この古墳だろう。JR川越線の線路のそばに、牛が一匹寝そべっている姿の古墳である。しかし、侮るなかれ。入間川流域で最大の古墳である。そして、副葬品*も立派なモノがいっぱい。

　時期は七世紀初め説と六世紀末説があるが、いずれにしても古墳時代の掉尾を飾る時期。武蔵を統治した「埼玉《さきたま》古墳群」の勢力が分裂か、あるいは消滅した頃、あちこちに分立した地方盟主の一人の古墳だろう。

　埋葬施設*は胴張りのある両袖型横穴式石室*で、二回の埋葬が行われており、二次埋葬時の石室は、片袖型に造り直されて長方形になっている。棺床面*は一次埋葬の上に約四〇センチの高さに粘土を混ぜたローム土を盛り固め、円礫を敷いて修復している。一次埋葬の副葬品は雲珠《うず》*一、耳環二、鉄鏃《てつぞく》*一〇、太刀片*一などだが、二次埋葬のものは銀装刀子《とうす》*一、金銅製指輪二、ガラス製小玉三五、雲珠・辻金具、心葉形十字透過鏡板という馬具など豪華なもの。

　特に、金銅製指輪は表面に凹線を巡らせた綾杉文があるのが珍しい。

　この牛塚が入間川の左岸、そして右岸には上円下方墳の山王塚古墳がある。これも七世紀初めのモノであるから、この二人は手ごわいライバル同士だったのではないか。

　牛塚古墳のヌシは、つぶやいているだろう。

ヤツは今まで、「どうだ。オレの回りの方が、にぎやかになってきたぞ」って威張っていたので、「こっちも早く回りを家で埋めてほしい、周りの畑がなくなってほしい」と思っていたが、「季節が分かる畑があって、電車が見えて、乗客が見える今の状態の方がいいなあ」。

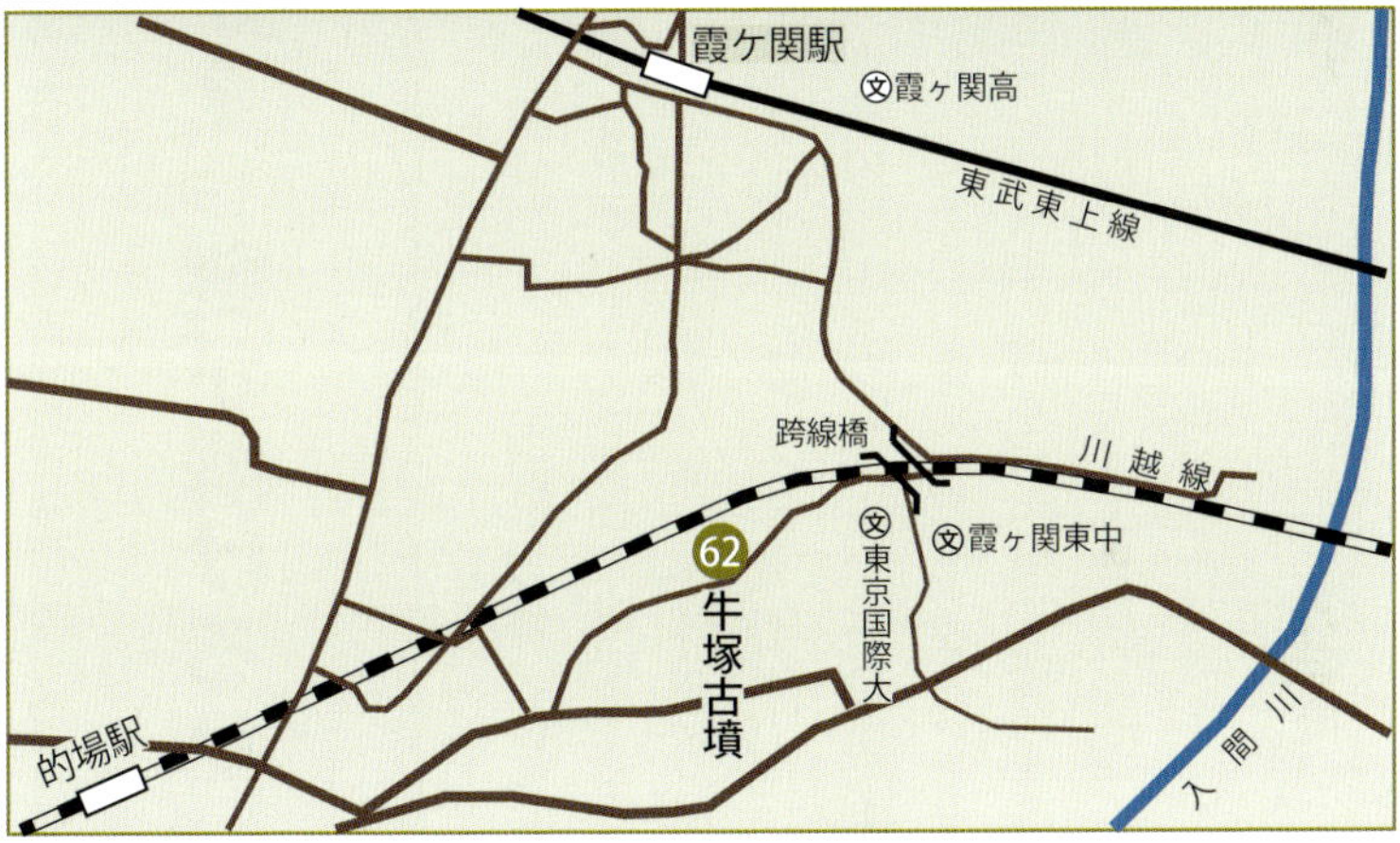

データ

◎所在　川越市的場牛塚
◎形状　前方後円墳*　墳長47㍍
◎年代　6世紀末～7世紀初
◎アクセス　東武東上線霞ケ関駅徒歩約15分
◎問合せ　川越駅観光案内所（年中無休）　049-222-5556

63

山王塚古墳＝さんのうづかこふん

上円下方とは何か？　謎が解けるか

（川越市）

東武東上線・川越駅
西武新宿線・南大塚駅　から

全国でも一〇基もないという上円下方墳の形をした古墳。その中でもいちばんの大きさだというのが川越の山王塚古墳である。

これまでの調査では、

○熊野神社古墳（東京都府中市）が下方部の一辺約三二メートル、
○天文台構内古墳*（東京都三鷹市）約三〇メートル
○石のカラト古墳（奈良市と京都府境）約一四メートル
○清水柳北古墳（静岡県）約一二メートル
○野地久保古墳（福島県）約一六メートル
○宮塚古墳（熊谷市）が約二〇メートル

上円下方墳かもしれないという石舞台古墳（奈良県）が約五七メートルというのも念のために入れても、山王塚古墳の約六二メートルにはかなわない。

上円下方形というのは古代中国の「天は円く、地は方形である」という宇宙観を具現したものという説もあるが、当時の日本でそういう難しい哲学が受け入れられていたかは信じられない。もっと単純なものではないかということも、このカタチを自分の古墳に採用した意味が、ほかの古墳に共通するかも不明であるが、なんと、埼玉県に二基あって、最大のものまであるのが、さらにさらに大きなナゾである。

しかし、川越市教委の毎年の発掘調査によって、ナゾは少しずつ解消しつつある。地下レーダー探査で上円部の地下に約一五メートルにわたり横穴式石室*らしい反応があったとか。前室では大規模な盗掘が行われ、側壁の石がほぼ持ち去ら

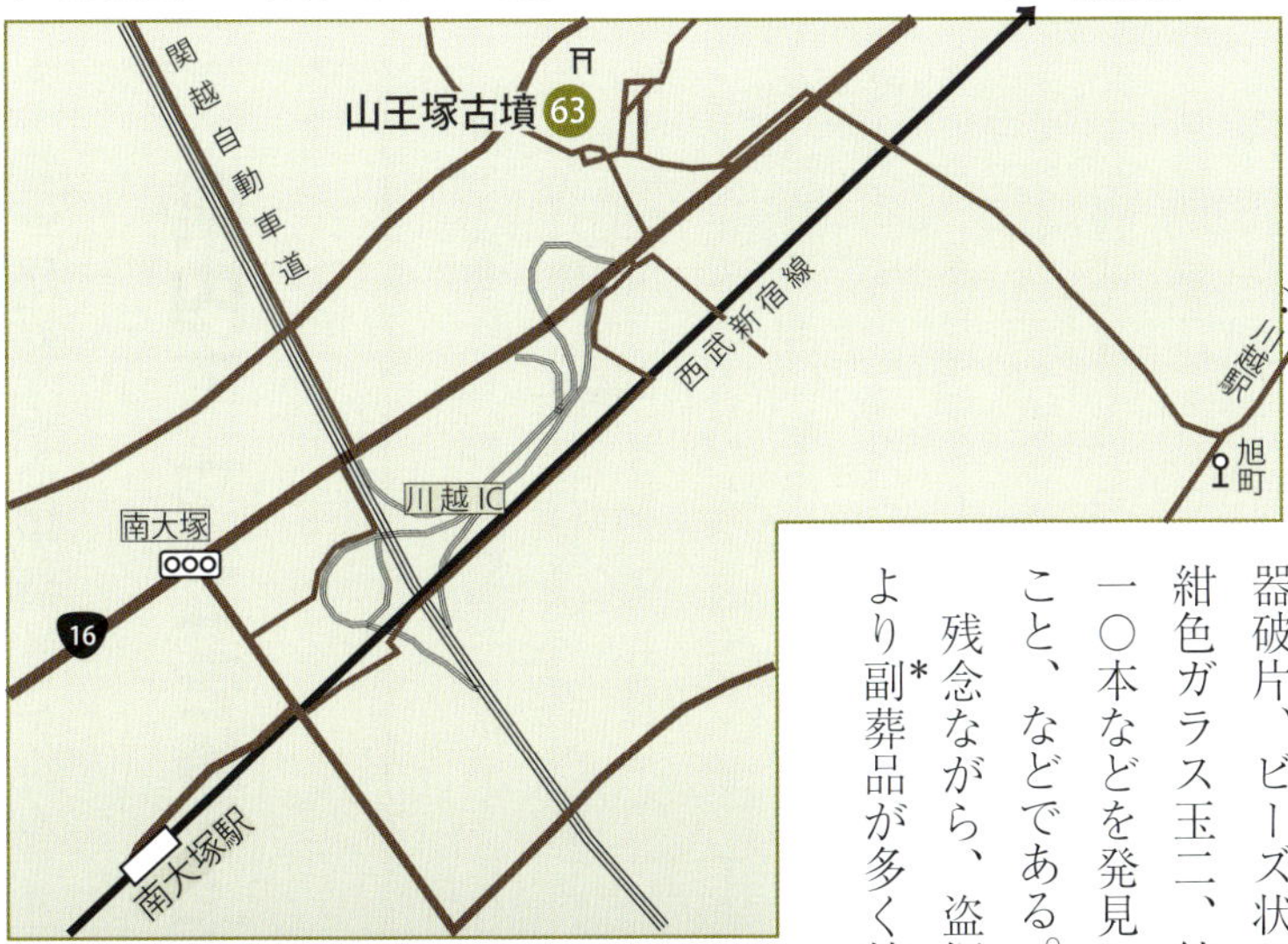

れていたこと、その石が利根川上流域産の可能性があり、門柱石は秩父産の可能性が高いこと、フラスコ形の須恵器破片、ビーズ状の濃紺色ガラス玉二、鉄釘一〇本などを発見したこと、などである。

残念ながら、盗掘により*副葬品が多く持ち去られている可能性も強いが、数少ない上円下方墳のナゾを解明できるのは、とりあえず、この山王塚古墳しかない。毎年の発掘調査の成果が待ち遠しいことである。

データ

◎所在　川越市豊田本字中原
◎形状　上円下方墳　円形部径47㍍・下方部一辺約63㍍
◎年代　7世紀初め
◎アクセス
①東武東上線・JR川越線・東武東上線川越駅から西武バス川越営業所行き「旭町」下車徒歩約17分
②西武新宿線・南大塚駅北口から徒歩約20分
◎問合せ
川越駅観光案内所　049-222-5556

64 権現山古墳群＝ごんげんやまこふんぐん

（ふじみ野市）

県内で一、二を争う古い古墳

東武東上線・上福岡駅から

静かな雑木林、小さな土ふくれが、あちこちに五～六基。造られたのは三世紀後半という、埼玉県で、一、二を争う古い古墳である。

工場建設の影は、すぐ近くまで迫ってきている。いちばん古い前方後方墳の前方部の先端も、その隣の*方墳の半分ほども、道路に削りとられている。あと一歩のことで、よく残った。あやういところだった。小さな雑木林。ブルドーザー一台、一日で平地にしてしまえる面積。

三世紀後半は邪馬台国の時代である。*卑弥呼の墓といわれる*箸墓《はしはか》古墳（奈良県）が三世紀半ばに造られた直後。そういう時代の古墳が消えてなくなってしまったら、埼玉県の古代の歴史が違ってしまうところだった。

今から一七〇〇年ぐらい前、東海地方の海岸を出発したヒトたちがいた。ヒトたちは一〇人くらいか、何艘かの丸木舟に乗り、陸に沿い北上、東京湾に入った。

彼らは、住

み慣れたふるさとを離れ、独立しなければならなかった。人が増え、これまでの収穫量ではまかないきれなくなったムラは、グループを分離して、個々に生きる道を探るしかなかったのだろう。

東京湾に流れ込んでいるいくつかの川。ふるさとの川を思い出して、こんな川かなと漕ぎ入れ、鵜の目鷹の目で生活ができそうな、ムラができそうな場所を探し、ようやく決めたのが、荒川の支流、新河岸川の流域。まずは住める高地を確保、耕地をつくり、ムラをつくった。

仲間が亡くなれば、集落の近くに塚を造った。ふるさとを離れてから、苦労を共にしたグループのメンバーが、リーダーを中心に、いつまでも仲良く眠っている。

東海地方に起源のある「S字口縁台付甕《えすじこうえんだいづきがめ》」が、この古墳群の台地の下から見つかっており、また、二号墳の「前方後方」という形も東海地方で生まれたという説があって、彼らがやってきた出発点が想像される。

データ

◎所在　ふじみ野市滝
◎形状　前方後方墳1　方墳11
◎年代　3世紀後半
◎アクセス　東武東上線上福岡駅から徒歩約30分

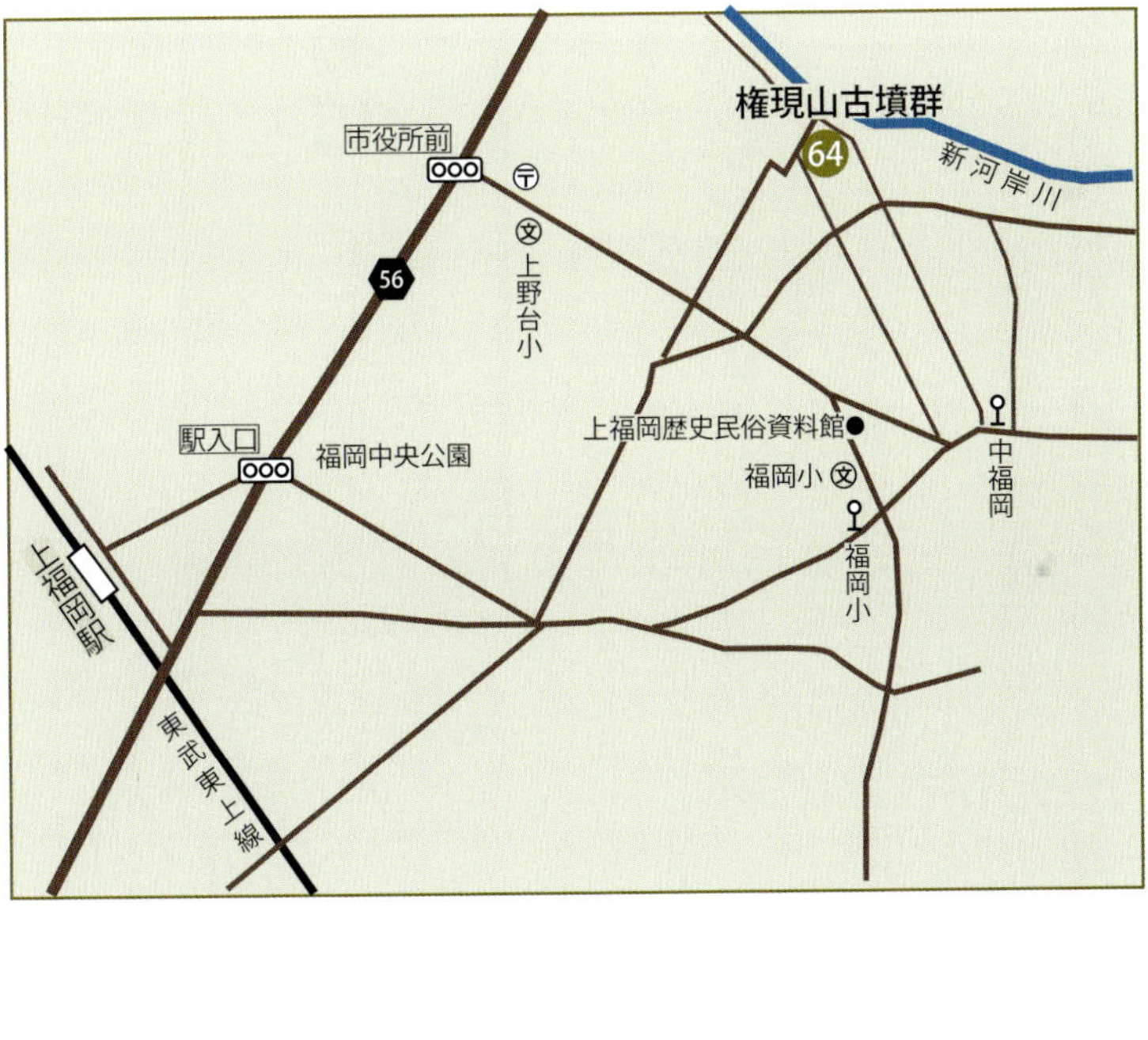

65

柊塚古墳＝ひいらぎづかこふん

古墳で、歴史を伝えるために

（朝霞市）

東武東上線・朝霞駅から

古墳は、すぐ下を流れる黒目川に沿った地域の開拓者のものだろう。いま、墳丘が残っているのは、柊塚だけであるが、調査されたものだけでも一夜塚、狐塚、男塚、女塚という古墳があって根岸古墳群をつくっていた。

　柊塚古墳は、葺石*なし、段築なし。主体部の調査が行われていないので、想定ではあるが、後円部の第一主体部は木炭槨*または木炭を使用した施設、その第一主体部の南側の第二主体部は粘土槨または粘土を使用した施設ではないかとされている。

　古墳の築造年代は、六世紀前半。当時は、埼《さき》玉《たま》古墳群の築造と重なる時期だが、そちらとの関係はどうだったのだろうか。おとなしく、傘下におさまっていたのか。おさまることによって、秩序とか安心を得たのか。あるいは、譜代とか外様のような関係もあったのだろうか。

　目の前の古墳は、古墳歴史公園になった。天皇陵と一緒で、もう登れないのか。残念！　と思ったが、前述のとおり、墳丘の主体部は未調査。これは、保護されなければならない。百舌鳥・古市古墳群も公開すれば、国の内外から観光客が押しかけるだろう。それは、ちょっと待てよ！　ではないか。

　公開と保存―では、保存が優先。しかし、保存ばかりでは、学問の進歩はない。徹底的な調査の前は保存。調査がすめば公開―ルール厳守。ならば、柊塚は公園化までであろう。

せっかくできた公園を荒廃しないように、活用することを積極的に考えてほしい。

学校や地元で、古墳をテーマとした劇、ミュージカル、盆踊りなどを公園で実施して、歴史の中にある暮らしを楽しんでいただきたいものである。

データ

◎所在
朝霞市根岸字宮台
◎形状
*前方後円墳
墳長60㍍
◎年代
6世紀前半
◎アクセス
東武東上線朝霞駅東口から約20分

column

古墳の楽しみ方《その3》

● 寺田幸一郎さんの場合

（元・鳥取県警本部長・越谷市在住）

寺田さんは退官後、緊張感が張り詰めた長年の生活から解き放たれ、いま、古墳歩きを楽しんでおられます。

寺田幸一郎さんの古墳の回り方は「全国にある墳丘長100メートル以上の大型古墳、303基（平成30年10月31日現在の寺田さん独自集計。100メートル以上の古墳数が一定しないのが寺田さんの悩み）をすべて踏査する」をライフワークとするもので、現在263基（達成率86.8パーセント）、目標達成まで40基に迫っています。

残りが北陸2、近畿4、中国8、四国1、九州25と1府12県に散らばっているだけに、これからが大変でしょうが、ぜひ、達成していただきたいものです。

古墳とのお付き合いは高校時代のクラブ活動での、霞ケ浦の孤島・浮島にある和田勝木古墳群の小型円墳の発掘から。その後は、書籍や資料等を見ることだけで過ごしていましたが、宮崎県への転勤がきっかけで九州島最大の前方後円墳・女狭穂塚古墳（176メートル）、全国最大の帆立貝式古墳・男狭穂塚古墳（176メートル）に接しました。そこは九州島の墳長120メートル以上の上位12基のうち7基がある土地でもあり、寺田さんを覚醒させ、「ライフワーク」へのヒントが与えられることになったのです。

寺田さんに教えられるのは、趣味だから、いろいろな楽しみ方があってよいとはいえ、何か一つの目標を描いておくのも満足感を高める方法ではないかということ。（のんびりと、ひたすら古墳を楽しむことも、もちろん大賛成ですが）。

目標とする100メートル以上の古墳には、立入禁止の宮内庁管理の御陵や陵墓参考地などが含まれています。その場合の寺田ルールは「制札屋形」（陵墓の前などにある名称、禁止事項を示す高札に類したもの）の周辺やその御陵等の外周を丹念に巡ることで、「踏査済」としておられます。

寺田さんの古墳踏査の方法は、①古墳の墳丘特有の土壌の感触を確かめながら、ひたすら後円部を目指す　②後円部、前方部やくびれ部にたどり着くと、古墳の立地環境を見渡す　③墳丘上で、踏査を達成した喜びに浸りつつ、古代国家形成期「古墳の時代」を一人独善的に楽しむ。

寺田さんのおすすめの大型古墳全国ベスト5

○造山（岡山市）350メートル　○作山（総社市）286メートル　○室大墓（御所市）238メートル　○メスリ山（桜井市）224メートル　○網野銚子山（京丹後市）201メートル

寺田さんのおすすめの大型古墳東日本ベスト5

○太田天神山（太田市）210メートル　○舟塚山（石岡市）186メートル
○浅間山（高崎市）172メートル　○甲斐銚子塚（甲府市）169メートル
○別所茶臼山（太田市）168メートル

〈墳丘長は「古墳空中散歩・奈良編、列島編」等を参考とした〉

＊いずれも踏査可能なものに限定

Ⅵ

趣深い秩父の古墳を歩く

秩父鉄道で

66

金崎古墳群＝かなさきこふんぐん（皆野町）

絣模様の壁を、積み上げたのは誰のため

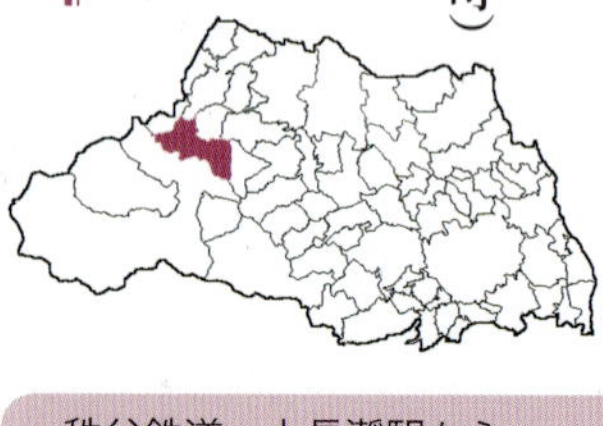

秩父鉄道・上長瀞駅から

飛鳥の石舞台古墳や、関東の石舞台といわれる行田市の八幡山古墳（22頁）のように、巨大な石を積み上げた豪快さもよいが、長瀞系の紅《こう》簾石片岩《れんせきへんがん》を中心に使って構築した、こういう神経の張りつめた細工も素敵だ。

一つずつ、石を積み上げる。こころがこもっていないと崩れる。こころを込めて積み上げる。大きな石と小さな石を組み合わせて、絣《かすり》のような模様を石室の中の側壁に造り出す。

専門の石工さんがしたのか。亡きヒトの家族が積んだのかは分からない。別れを惜しむこころを石の一個ずつにこめて積み重ねたような気がする。

こういう石積みの方法は、朝鮮半島南部の礫《れき》槨《かく》墳に酷似しているという説もある。

金崎古墳群で四つ残った古墳は、大堺一号〜三号墳と天神塚（氷雨塚）の円墳である。大堺一号墳以外の三つは開口していて、石室内を見ることができる。

古墳の大きさは、秩父の周りの風景にふさわしいというところ。荒川の清流のそばという雰囲気もよいし、魅力たっぷりの古墳群。

遺物としては、天神塚からは円筒埴輪の破片、大堺三号墳からは*土師器、須恵器が見つかっている。皆野町教委蔵の、この古墳群で見つかったという大刀には*鎺《はばき》と鐔《つば》に細かい銀象嵌の細工がされている。

ここは山と川に挟まれて耕地も少ない。生産

力も決して高くはない地域である。そこで、この細やかに石を積み上げる「文化」がつくりだされたのは、どうしてなのか。

　誰がこの技術を開発したのだろう。誰がその技術を、どういう風に後輩に教えたのだろう。後輩は素直に先輩の教えを聞いたのだろうか。そして、古墳の施主は、どういう風に、建築費を捻出したのだろうか。

　こういうことがすべてうまくゆかないと、「文化」は成立しないし、伝わらない。それがこの山の奥、耕地が少なく、生産力の高いとはいえない秩父でできたことが不思議である。

　荒川の瀬音を聞きながら眠る古墳。県内でも屈指の、楽しい古墳群である。

大堺３号墳

データ

◎所在　秩父郡皆野町大字金崎字大堺・岩下
◎形状　円墳4基
◎年代　天神塚は6世紀後半　大堺3号墳は7世紀初頭　大堺1、2号は不明
◎アクセス　秩父鉄道上長瀞駅から徒歩約10分

67

秩父の古墳三一七基の中で、一番大きい

皆野大塚古墳＝みなのおおつかこふん

（皆野町）

秩父鉄道・皆野駅から

　秩父鉄道・皆野駅を降りて、駅から突き当たりの一四〇号線を右へ約一〇分。寄居皆野有料道路の陸橋の下をくぐると、すぐ左のところに大塚古墳がある。江戸時代の『新編武蔵国風土記稿』によると、すでに開口されていて、氷雨塚《ひさめづか》と呼ばれる五つの古墳の一つであると書かれている。

　袖無型横穴式の石室は、入口の右側だけは石がなくなっているが、内部もきれいに残っている保存状態のよい古墳である。側壁は*乱石積みの持ち送り、大きい石の周りに小石を積んで、わずかにドーム状に構築されている、積石の間には石綿を積んで水を漏らさない密封性をつくっている。石綿利用の珍しい例とのこと。

　墳頂部を円礫で覆うという古墳の本来の造り方も、一部ではあるが見ることができる。*周濠の跡らしいものが古墳の北から西にかけて、窪地として残っている。

　こじんまりとしてはいるが、秩父では一番大

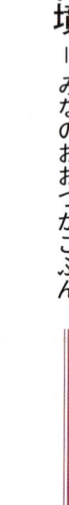

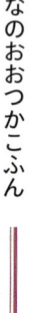

きな古墳である。付近には、半壊した数基の古墳があって、「十三塚」という名前も残っていることから、かつてはこの辺りに古墳群が形成され、その主墳であったものと考えられている。

荒川上流、秩父の山々に囲まれ、川の流れに沿った段丘を開拓していった人々は、長年の苦労が実って、すこしずつ豊かな生活を送れるようになると、この地の独自の文化を築くにいたったのだ。

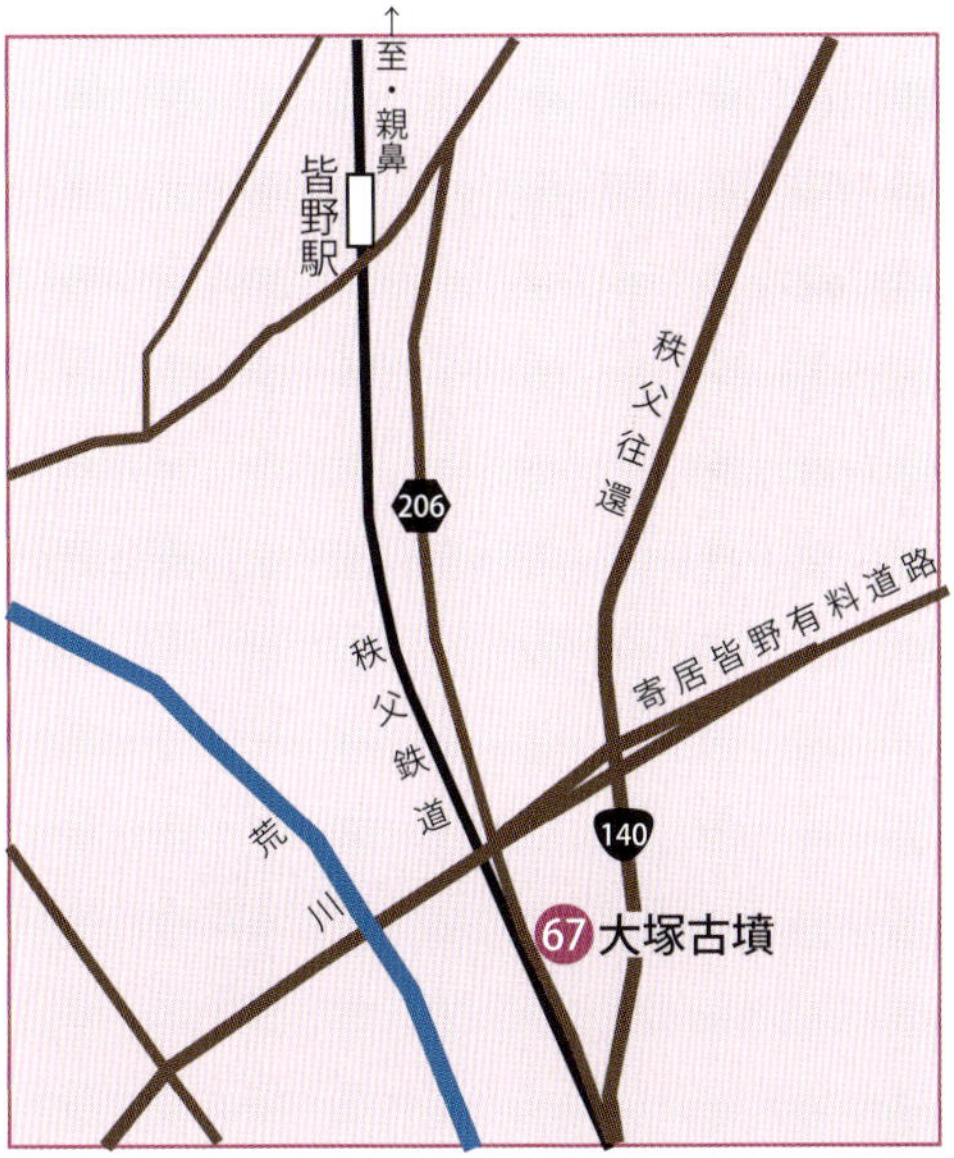

秩父のヒトたちは前方後円墳*を造らなかった。古墳の大きさなどや形に関心はなかった。彼らは精密なものを造ることを好んだ。自分たちの文化を生かして古墳を造りあげたとき、それが大塚古墳となった。古墳のスロープの微妙な曲線美と石室の中の石積みの細かい心配りこそ、彼らのオリジナリティであり、彼らの誇りだったのだろう。

データ

◎所在　秩父郡皆野町皆野字毛無（地図161／163頁）
◎形状　円墳　径33メートル
◎年代　5世紀中葉～6世紀前半
◎アクセス　秩父鉄道・皆野駅から徒歩約10分

☆古墳ファンのために、残って欲しいお店☆

《皆野町・よしはし食堂》

親鼻駅下車、親鼻橋手前の食堂。断固、地元の味を作っている。夏は、天然鮎塩焼き。秋はキノコ料理。お土産に「のびる漬」などもある。（地図159頁）

68 飯塚・招木古墳群＝いいづか・まねきこふんぐん（秩父市）

氷雨塚　俳画の世界

突然に降り出した秩父の冬の冷たい雨に、あわてて近くの開口した古墳の石室の中へ駆け込んだ村人。空を見上げる心配そうな顔が時代を超えて浮かんでくる。

　秩父には「氷雨塚《ひさめづか》」という名前の古墳が、次の八基あげられる。

○飯塚・招木古墳群（秩父市）
○下久那古墳群・氷雨塚古墳（秩父市）
○金崎古墳群・天神塚（皆野町）
○金崎古墳群・大堺三号墳（皆野町）
○皆野大塚古墳（皆野町）
○上ノ台古墳群・氷雨塚古墳（秩父市）
○千尋原古墳群・氷雨塚古墳（小鹿野町）
○小林古墳群・氷雨塚古墳（秩父市）

（『埼玉の古墳〈比企・秩父編〉』塩野博著）

　氷雨塚とは、なんという趣のある名前をつけたものか。古墳の名前の風雅さ全国ベストワンは、この名前だろう。

　まさに俳画の世界である。それが江戸時代の秩父。

　そして、古墳時代はどうだったのだろうか。思いは遠い時代にとぶ。

　確認数一二四基を数える秩父地方最大の群集*墳、飯塚・招木古墳群。荒川左岸の段丘上、一・一キロも続いていた。現在は一〇基ほどが残っていると思われる。この古墳群では、埴輪*もなく、出土遺物も乏しい。

　埋葬施設*は横穴式で天井や奥壁には巨石を、

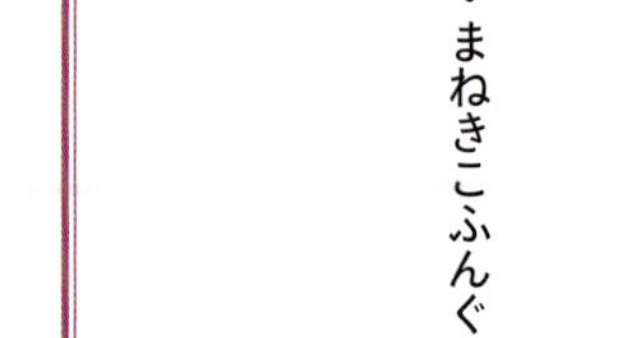

秩父鉄道・和銅黒谷駅から

側壁には割石を用いたものが多い。墳丘の形はすべて円墳、時期的には七世紀前半から八世紀前半にかけてのものと思われる。

飯塚・招木古墳群については、どの古墳が氷雨塚に該当するのか、現存している古墳で開口しているものがないので、消滅したのかもしれない。この飯塚・招木古墳群は、荒川から見上げる山々の霧雨に煙る姿を思うと、氷雨塚の名にふさわしい気持ちがする。

冬の時雨の降りそうな日に秩父へでかけ、俳画の主人公になってみてください。

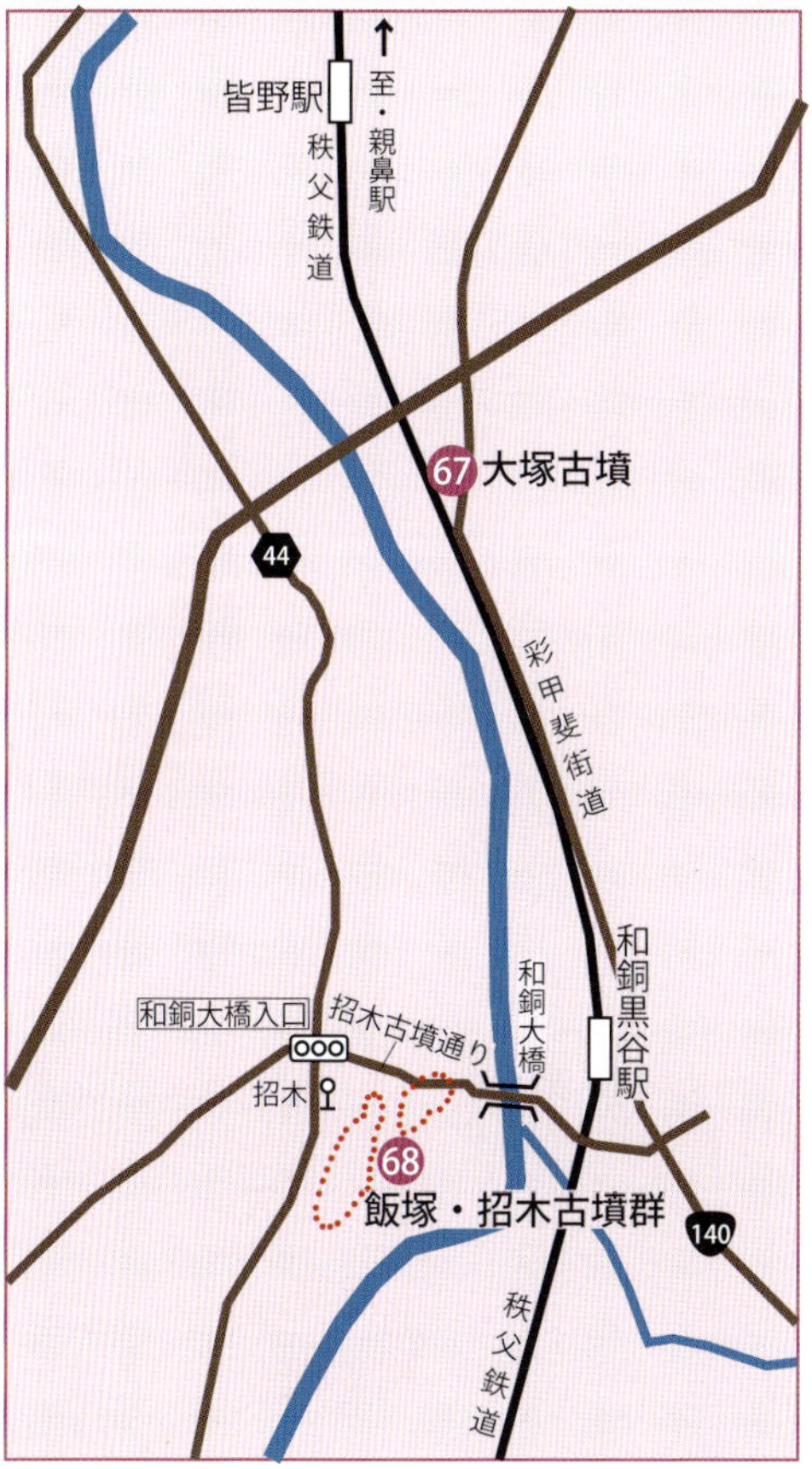

データ
◎所在　秩父市大字寺尾字飯塚・招木
◎形状　円墳　126基で構成
◎年代　7～8世紀前半
◎アクセス　秩父鉄道和銅黒谷駅から和銅大橋を渡って荒川の対岸へ徒歩15分

69 大野原古墳群＝おおのはらこふんぐん（秩父市）

横瀬川沿い　大古墳群は危機に瀕して

秩父鉄道・大野原駅から

連なる緑の山々と、その山裾を削って流れる横瀬川の清流と、わずかばかりの耕作地に光る桑の葉と…そんな秩父の風景の中に、小さな可愛い古墳は寄り集まって、おとなしく眠っている。

「この地域は畑地に多くの礫がみられ、それらが積み上げられるため、古墳との識別がむずかしく、古墳の数もやや正確を欠く」と「埼玉県重要遺跡緊急調査報告書Ⅱ」にあるが、古くは「百八塚」と呼ばれ、多くの古墳が存在していたらしい。この大野原古墳群は四つの支群があり、七八基の古墳が確認されていた。

今は秩父鉄道の大野原駅から歩いて三〇分ほどの原谷小学校の裏にあった一基も、惜しくも消え、周囲に四基ほどが、なんとか残っている。時代は七世紀後半から八世紀初頭のものといわれている。

開口している一基は、中は几帳面に割石を積んでいて、秩父のヒトたちの自分の仕事に対する誇りを感じることができる。

原谷小学校も建て替えで大きくなったが、明治四十（一九〇七）年の建築に際しては、*蕨手《わらびて》刀一と直刀三が*箱式石棺と思われるものと出土した記録がある。

古墳の数もたしかに一〇〇基を超えるものがあったのだろうと推測される。こんなに沢山あっては貴重さも感じられなかったであろうが、もうこんなに少なくなると、ぜひ、秩父の歴史をしのぶために、今あるぐらいの古墳は残してほしいものである。

旅人に古代ロマンを味わっていただくために、この大野原古墳群と、隣の和銅黒谷駅近くにあって銅が発見されたことで有名な和銅遺跡と二つを組み合わせ、古代をめぐる観光コースとして売り出すことを提案したいものだ。

データ

◎所在　秩父市大野原
◎形状　円墳
◎年代　7世紀後半から8世紀初頭
◎アクセス　①秩父鉄道・大野原駅から徒歩30分
②西武観光バス西武秩父駅から和銅黒谷行約20分「原谷公民館」下車　＊1日6本
◎問合せ　西武観光バス秩父営業所
0494-22-1635

70

狐塚古墳＝きつねづかこふん

秩父の古墳で、二番目に大きい

（秩父市）

新しい住宅が立ち並んでいるところ。その中で、角を曲がるまでは二〇年前ここを訪れたときの記憶があったが、そのあとが分からない。探し回っても、分からなくて、「ああ、なくなってしまったのか」と、あきらめて帰ろうとしたとき、古墳の姿が目に入った。

周りが整理されて、きれいになったようだ。径二四メートル×二二メートル、高さ約四メートル。秩父地方の古墳では二番目の大きさ。

大場磐雄（國學院大學教授・考古学・故人）の大正一五年（一九二六）の記録には、周辺に行人《ぎょうにん》塚古墳があったと記されているが、これは現存していない。

遺物もまったく見つかっていないため、*埴輪の存在がないことを理由に七世紀の古墳と考えるしかない。

秩父の古墳については、荒川、横瀬川、赤平川の流域の河岸段丘に集中しており、古墳跡や*横穴墓を含めて三一七基の古墳が確認されている。

秩父鉄道・影森駅から

そして、これまでに*埋葬施設が明らかになっている古墳の大半が古墳時代後期以降に造られたものとされている。

そのほかの特色としては、次のようなことがいわれている。

○大きい古墳はない　*前方後円墳がない

○平安時代初めにできた『国造本紀』によると、秩父は東国にあって、いちはやく*国造《くにのみやつこ》が任命されている。国造の居住地としては盆地中央の秩父神社付近が最有力とされているが、国造塚という言い伝えのある古墳がある皆野町国神も捨てがたい。

○*副葬品として、鉄製品が豊富である。

秩父の静かな山並み、荒川のつくった小さな河岸段丘。昼はひとり、夜は、いつの間にか近くに住みついた狐と月を友として、ナゾをふくらませながら、千数百年が過ぎた。

データ

◎所在　秩父市大字上影森
◎形状　円墳　径約24メートル
◎年代　7世紀代
◎アクセス　秩父鉄道影森駅徒歩約30分
＊熊谷駅から影森駅は秩父鉄道で約1時間35分

番外編

1 神門5号墳＝ごうどごごうふん（千葉県市原市）

近畿とつながる東国第一号の古墳

小湊鐵道・上総村上駅から

東国最古の古墳は、千葉県市原市にある。本州南岸沿いに北へ向かって、伊豆半島、三浦半島をまわって東京湾へ入ってきたヒトたちによって造られた。

近畿の状況でいうならば、纏向《まきむく》に邪馬台国の姿が現れかけたころである。纏向型の前方後円墳というまだ不確かな形の古墳が造られていたころでもある。

このころ、邪馬台国の東、いま、東海地方といわれているあたりに、狗奴《くな》国という国があった。両国は戦争状態にあったわけではないが、仲が良いというわけでもない状態であった。その二国の縄張り争いで、邪馬台国は市原に、狗奴国は木更津に足がかりをつくった。

ともに三世紀後半のころである。古墳のカタチは市原が前方後円墳。木更津が前方後方墳。市原では、三、四、五号という三つの纏向型前方後円墳を造り、古い五から三に向かって前方後円墳の形が整ってくるのだが、五号墳しか残されていないのは誠に残念。

木更津では高部古墳群三〇号墳、三二号墳という二つの前方後方墳が発掘されたが、ともに住宅団地建設のため、残されていない。

市原には近畿系厚甕の多量出土、木更津には、伊勢・尾張系土器出土が見られ、共に、手あぶり形土器という、古墳時代前期の、用途不明の不思議な土器が見つかっている。

千葉県の初期古墳については、他の関東地方と同じく、前方後方墳を造ったヒトたちが優勢であったようで、定形的な前方後円墳の登場は一呼吸あとであったと思われる。

五号墳は台地の背のところに造られている。当時は海岸からも見えたのだろうか。いまは、小さい林の中である。はるばる、東海の海岸線に沿ってやってきた最初のグループの記念碑、東国の古墳時代の幕開けを飾る記念碑である。

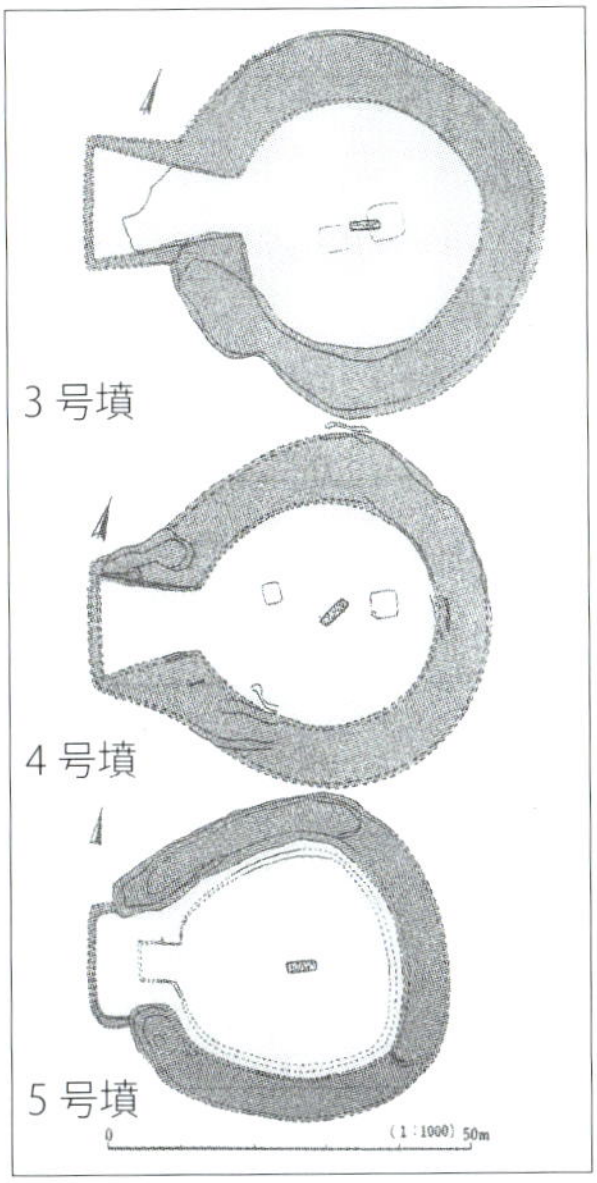

神門5号墳復元図案　田中新史による（研究紀要 第21号（分割版 その7）- 千葉県教育振興財団より転載）

データ

◎所在　市原市惣社
◎形状　前方後円墳　全長42.6㍍
◎年代　3世紀前半
◎アクセス　小湊鐵道上総村上駅徒歩約16分
◎問合せ　小湊鐵道五井駅　0436-21-6773

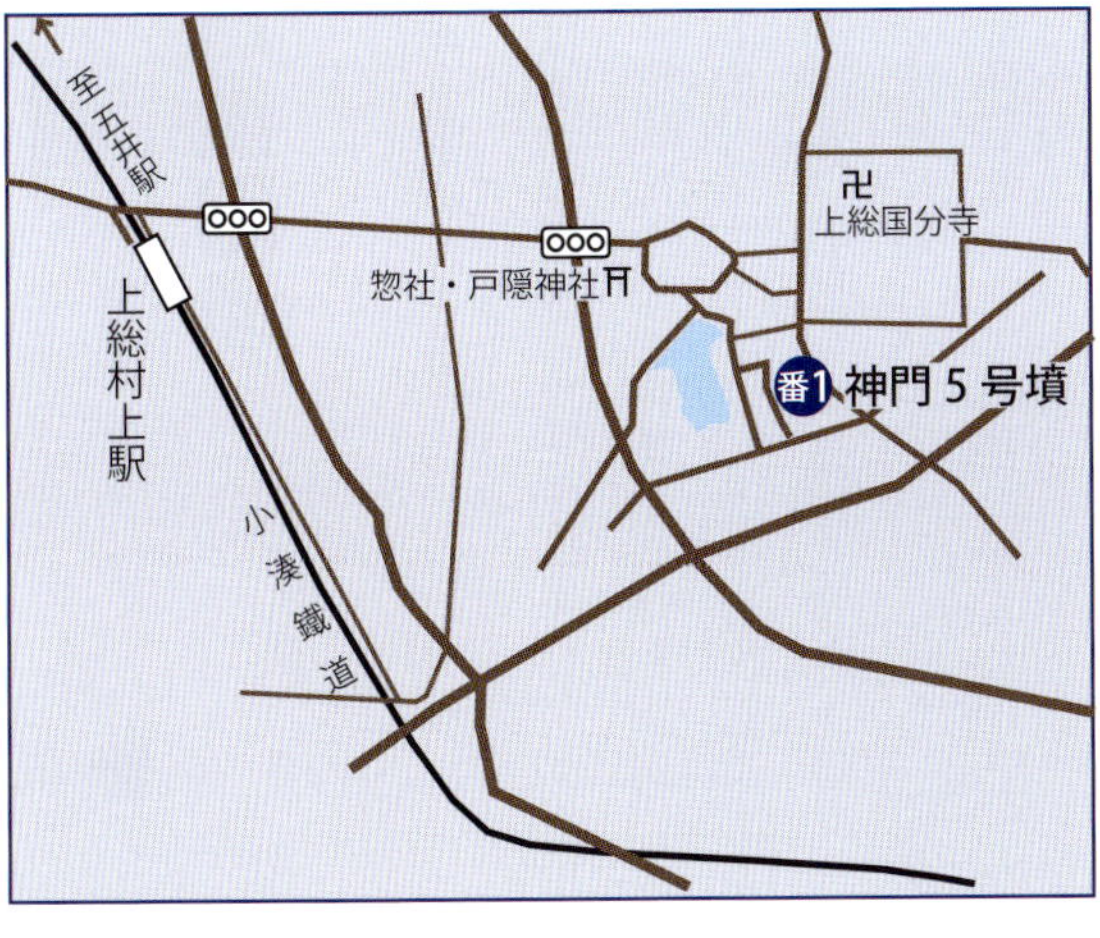

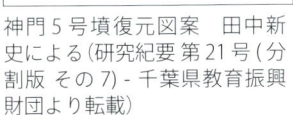

番外編

2 太田天神山古墳＝おおたてんじんやまこふん（群馬県太田市）

東国で最大、径二一〇メートルの前方後円墳

利根川の沿岸に五世紀前半から半ばに造られた、京都府・滋賀県・三重県を結ぶラインから東では最大の二一〇メートルの前方後円墳*。

日本最大の大阪府堺市の大仙古墳（仁徳天皇陵五二五メートル）や羽曳野市の誉田御廟山古墳（応神天皇陵四二五メートル）などの最大級の古墳が相次いで近畿地方に造られた時代である。

中央でも地方でも、競って大きい古墳が造られた。卑弥呼*の時代（三世紀半ば）から二〇〇年ほど経って、ヤマト政権の基礎がようやくでき、大王の権力が確定した時期・五世紀中葉。

地方の王たちにも、古墳を自らの力に相応の大きさの前方後円墳を造ることが許され、背伸びしても大きい古墳づくりに挑戦した。

毛野*とはまだ正式には呼ばれていなかったが、いまの群馬県・栃木県あたりは利根川、渡良瀬川のもたらす水と土壌により獲得した大きな経済力で、東国で最大の古墳を造り上げた。

後円部の中腹に落ち込んでいる石棺も、縄状突起付き長持型という、王者にふさわしいものだ。

ただ、この王者はよそから来たものではない。太田の古墳時代には寺山古墳という前方後方墳から始まる歴史があり、そのあと、朝子塚古墳という前期の前方後円墳（一二三・五メートル）、中期には円福寺茶臼山古墳・一六八メートルの大古墳が造られており、そういう段階を経て、王者は自らの力で「王」にのし上がり、墳丘の

東武伊勢崎線・桐生線・小泉線・太田駅から

大きさや石棺の形式などで、ヤマト政権を真似しようとしたのか。ライバル心さえ、あったのではなかろうか。

後円部に走る現代の道路をはさんで、向こうには女体山古墳（九六メートル）がある。帆立貝式というカタチからは、天神山古墳のヌシに対するナンバーツー…。副官とか、夫人とかの立場にあったヒトのものではないかと想像されている。

このような王国をつくりあげた毛野のヒトたちの、旺盛な独立心をおそれたヤマト政権が利根川の対岸、最前線としてのムサシ・行田に、息のかかった駐屯軍を送ったのが、「埼玉古墳群」の成り立ちではなかったか…という考え方もある。

東国の王者が眠る天神山古墳

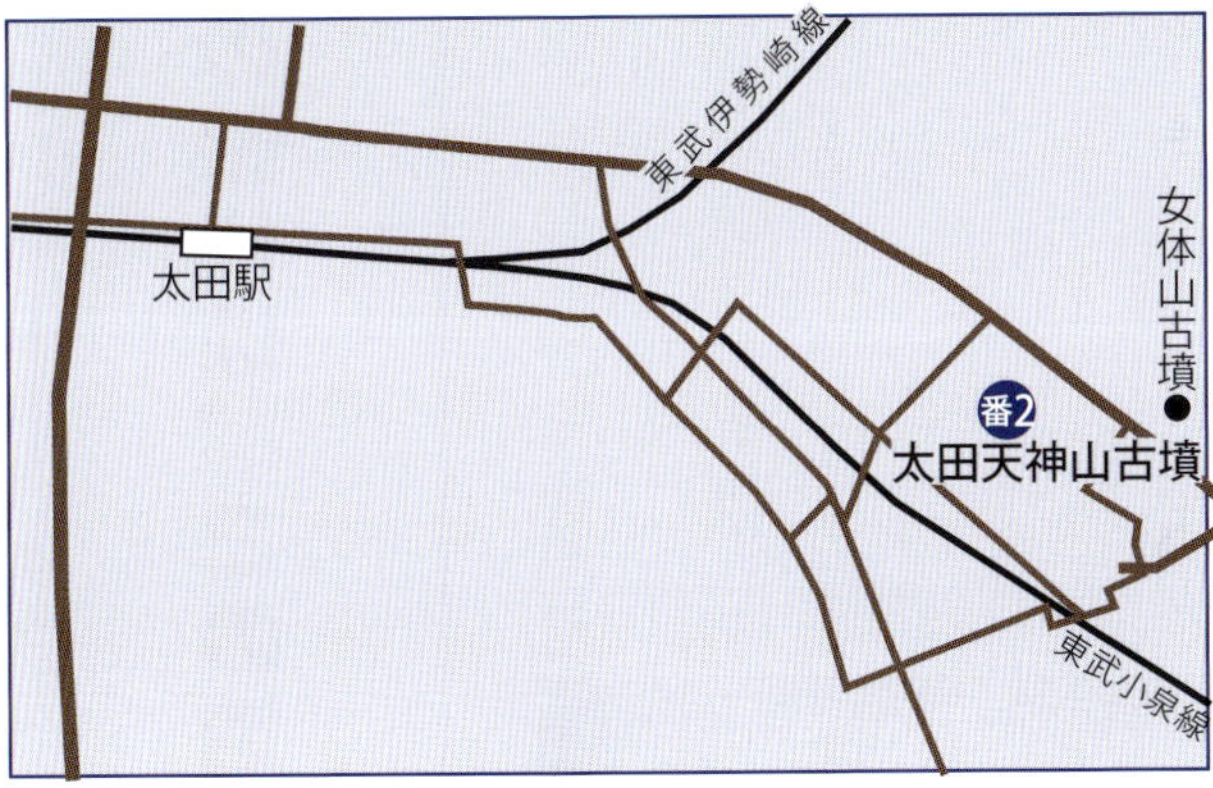

データ

◎所在　太田市内ケ島町
◎形状　前方後円墳　全長210メートル
◎年代　5世紀中葉
◎アクセス　東武線太田駅徒歩約20分

番外編

③ 荏原台古墳群 ＝えばらだいこふんぐん

（東京都大田区・世田谷区）

関東の前方後円墳の時代は、この地から

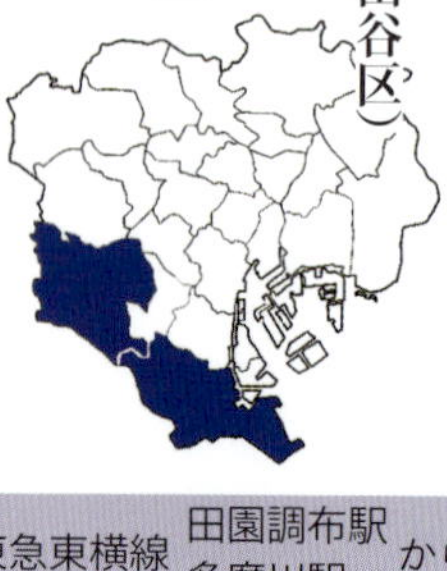

東急東横線 田園調布駅 多摩川駅 から

四世紀前半、多摩川が東京湾に注ぐあたりに約一〇〇ｍ《メートル》という大きい前方後円墳*を、自分たちのリーダーのために造ったヒトたちがいた。古墳はあちこちで造られはじめていたが、これは、見たこともない巨大なモノであった。関東の前方後円墳の時代は、この地に始まったといえよう。

△始まりは宝来山《ほうらいさん》古墳。四世紀後半には同じく前方後円・亀甲山《かめのこやま》古墳。△五世紀前葉に野毛大塚古墳。中葉が御岳山、後葉は八幡塚。△六世紀に入ると浅間神社古墳（五世紀末～六世紀初）。六世紀末は観音塚。六世紀末～七世紀前半の群集墳*の時代には多摩川台古墳群。△七世紀前半～後半の等々力渓谷横穴墓群*。七世紀中頃に浅間《せんげん》様古墳。

その間に、次のようなナゾが浮かびあがってくる。

①宝来山に先行する最初の古墳「扇塚」は全破壊。平成八年（一九九六）年の発掘調査で内行花文

帆立貝式古墳の野毛大塚古墳（世田谷区）

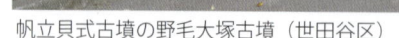

鏡・ガラス小玉などが発見され、墳丘は円墳・前方後方墳・方墳*などの説あり。築造年代は四世紀前半と想定。それが正しいか。②宝来山と亀甲山の前方後円の向きが全く逆になっているのは何故か。③大きな古墳が、宝来山と亀甲山のあと、続かなくなったのは、勢力がよそに移動したと考えるのか。その次に造られた野毛大塚古墳と距離があいているのが、その証拠か。④毛野*の特徴を表す「鈴鏡」出土の御岳山、西岡28号墳があるのは、毛野の影響があったと考えるのか。

一九八〇年代後半のバブル期の実勢価格は坪あたり二〇〇〇万円もあった高級住宅地・田園調布三丁目。電気もない、パソコンもない、フランス料理も懐石料理もない、不便な、貧しい暮らしの古墳時代。しかし、ヒトのこころは、どちらが清らかであっただろうか。多摩川の流れに聞いてみたい。

データ

◎所在　大田区田園調布4、1丁目　世田谷区等々力二丁目　野毛1丁目など
◎形状　前方後円墳　帆立貝式古墳　円墳
◎年代　4世紀前半〜7世紀

豆辞典

「古墳」の理解を深めるために知っておきたい事柄について解説。本文中に＊を付した用語についてはここに掲載してある。

●あ行

朝顔形埴輪　上部が一度すぼまってから朝顔の花のように広がる形の円筒埴輪。弥生時代末期の特殊器台とその上の壺の組み合わせに由来するものと思われる。

飛鳥寺　6世紀末～7世紀初に蘇我馬子の発願で建てられた日本最古の寺院。瓦は百済から瓦博士を招いて作り、軒丸瓦は素弁蓮華文といって百済のものと非常に似ている。

氏寺　飛鳥時代以降、有力氏族や王族が建てた寺院。聖徳太子＝法隆寺、蘇我氏＝飛鳥寺、秦氏＝広隆寺など。

雲珠《うず》　馬具。鞍の後部で革紐を留める金具。半球型の金具から小さい脚が5～12出て革紐を固定したり杏葉《ぎょうよう》を吊るす。

円墳の造り方　盛土をしたあと、上から穴を掘って埋葬施設を造るものと、まず横穴式石室を造り、盛土をして墳丘を造る場合もある。

●か行

貝塚　主として縄文時代に貝などの食料の残りを捨てた場所。縄文海進の影響で、現在の海岸線から非常に離れたところにあることも。

角閃石安山岩　安山岩は地球の大陸の主成分。非常にありふれた岩石。その中に黒い不透明な斑晶としての角閃石を含むもの。群馬県榛名山由来のものが古墳で使われている。

槨《かく》　棺を入れる外箱。石槨、粘土槨、木炭槨、礫槨等がある。

頭椎太刀《かぶつち》　柄頭《つかがしら》が卵を逆さにした形をした太刀。古墳時代後期の儀礼用か。

神流川《かんながわ》　埼玉・群馬・長野の県境にある三国山北麓。群馬県多野郡上野村に源があり、埼玉県上里町黛で烏川と合流する利根川の支流。

器財埴輪　武器、武具など威儀の具とされるような各種の器財の埴輪。盛行は人物埴輪が主流となる前、4世紀から5世紀。

切子玉　水晶を切ってつくられた装身用の玉。上、下から見ると普通、六角形をしている。ガラス製などもある。

群集墳　古墳時代後期に造られたほぼ同じ大きさの古墳が特定地域に群をなしているもの。大小が群をつくる古墳群とは別だが、共に「古墳群」ということもある。

郡衙《ぐんが》　郡家とも。律令国家の下で郡司が政務をとる所。正倉、官舎、雑舎などがある。初めの「評《こおり》」が大宝令施行で「郡」に。

玄室　横穴式石室において、遺体を安置する部屋。いちばん奥に造られる。前室・奥室に分かれるものもある。

古墳の被葬者　この古墳には誰々さんが葬られていると分かっているのは10にも満たない。天皇陵では天智・天武・持統・舒明・斉明。天皇以外では筑紫君磐井墓くらいか。

国造《くにのみやっこ》　7世紀初頭、ヤマト朝廷によりつくられた地方行政組織の官職。初めは土着の豪族を任命。大化の改新などで廃止。

毛野国　現在の群馬県・栃木県地方にあった国。クニは律令制が8世紀以降に成立してからのもの。本書では利根川以北のことを便宜上毛野と呼ぶことがあるが正確な言い方ではない。

●さ行

猿投窯《さなげよう》　古墳時代から始まり、須恵器を焼き、稼働期間は900年にわたった。

自然堤防　川の水路の両側に自然にできた微高地。上流から運ばれてきた土砂が流路沿いに堆積し、堤防状の高まりとなったもの。

周濠・周堀　「しゅうぼり・しゅうほり」ということもある。古墳墳丘の周辺に掘られた堀。水が入っていることもあるが、入っていないのが普通。この土を積んで墳丘にする。

宗主権承継の儀式　古墳上に並んだ埴輪の行列が想像の助けになる。群馬県保渡田古墳群の八幡塚古墳、同県太田市の塚回り古墳4号墳、大阪府高槻市の今城塚古墳など。

羨道《せんどう》　横穴式石室において、外部から玄室に通じる通路の部分をいう。

前方後円墳の前方部と後円部　後円部は埋葬施設のための部分。前方部はそれを拝む場所。後期には役割が忘れられ高くなってしまう。稲荷山のバランスと二子山のそれを比較するとよく分かる。

●た行

太刀と刀と剣　太刀は刃を下にして腰帯にぶらさげるようにつける。刀は刃を上にして腰帯に鞘を差し込む。太刀、刀は片刃。剣は両刃。古墳の副葬品としては前期は剣が多い。

竪穴式石室　棺を入れるために、四つの横壁を造り、上に天井石を載せた石室。一般的には4～6世紀に造られた。

鼉龍鏡《だりゅうきょう》　倣製鏡で蟠竜らしい首長獣を神像や小虺《まむし》形と組み合わせ、半肉彫で現した鏡。古墳時代前期の西日本で多い。

短甲《たんこう》**・挂甲**《けいこう》　短甲は三角形・横長・縦長の薄い鉄板を革綴じか鋲留してつくる。挂甲は鉄片を革紐や組紐で縅してつくる。いずれも、よろい。

段築　古墳の墳丘は、ただ、土を積んだだけでは永年の雨などで崩れてしまう。墳丘造りの工法は一般的には基段・中段・上段の三段に分け、二、三種の土を交互に敷き、叩き固める。

鉄鏃　鉄で作られた矢じり。古墳時代になって発達。

天文台構内古墳　三鷹市の国立天文台の敷地内にある。上円下方墳。1段目1辺約27㍍。7世紀後半頃のフラスコ形の須恵器出土。見学可能。

都幾川　越辺《おっぺ》川の支流で、荒川水系で、入間川流域ではいちばん北を流れる。槻《つき》川は都幾《とき》川の支流。

刀子《とうす》　小刀のこと。後期古墳の副葬品として数多く出土。装飾をつけたものもある。

動物埴輪　最も早く出現するのが鶏。時を告げるということで珍重されていたか。魚の埴輪なども数少ないがある。

特殊器台・特殊壺　弥生時代後期に吉備で生まれた。器台の大きなものは1〜2㍍に達する。首長の埋葬儀礼に使われて、古墳、墳丘墓の上に置かれた。埴輪の原型である。

●な行

二重口縁壺　壺の口が、一旦、壺本体から直角に立ち上がり、その上部で大きく外側に開いた形のもの。

●は行

箱式石棺　緑泥片岩などの扁平な板石を組み合わせて造る棺。底板、蓋石のあるものが多い。

土師器　弥生土器の系統を受け継ぎ、古墳時代前期から奈良・平安時代にかけて使われた素焼の土器。全体に赤みをおびている。850℃前後で焼かれるため、硬い焼物にはならない。

土師器の編年　関東地方においては古墳時代の前期（500年頃まで）は五領式から和泉式。後期は鬼高式から真間式という。

箸墓古墳　奈良県桜井市にある墳長278㍍の前方後円墳。* 古墳の形、出土の特殊器台や土器の年代などが邪馬台国の年代と合致。卑弥呼の墓説はこれで決定か。

埴輪　古墳墳丘や周濠の周りなどに置かれた素焼きの円筒や人物・動物などを表した土製品。弥生時代の特殊器台・壺のセットから始まったと推定されている。『日本書紀』には野見宿祢が殉死の代わりに埴輪を使うよう進言したのが契機だとあるが、これは伝説。

埴輪の終末　最終末の埴輪は6世紀末で、7世紀には造られなくなったというのが、多数説。古墳は7世紀になっても造られた。

鎺《はばき》　刀の刀身の手元の部分にはめる金具。

榛名山　上毛三山（赤城・妙義と）の一つ。5世紀に二ツ岳が噴火。6世紀の噴火の火砕流に巻き込まれた甲を着た武人と乳児の頭部分が渋川市金井東裏遺跡で発掘された。

馬鈴《ばれい》　馬につける鈴。古墳時代には青銅製が多い。犬や鷹狩りの鷹に鈴をつけた埴輪もある。

卑弥呼　2世紀後半に生まれ。247か248年頃に没。邪馬台国の女王。倭国争乱の結果、紛争双方から擁立。シャーマンとされる。住まいは纏向。墓は箸墓古墳といわれる。

葺石　古墳の墳丘を覆う石。土砂が流出して墳丘が崩れることを防ぐために置かれた。原則的には、全面に置かれた。地方によっては、石がないため、置かれなかったこともある。

副葬品　葬儀の際に死者とともに埋葬されるもの。考古学では当時の文化、社会、環境を知るうえで、非常に貴重。

墳丘墓　土や石を積み上げて丘のような形にした墓。弥生時代の墳丘墓を、古墳時代の古墳と区別して墳丘墓（弥生墳丘墓）と呼ぶことがある。

碧玉　石英の一変種。色は緑色や褐色などで管玉などに使われた。本当の碧玉ではなく、碧玉岩というべきものもある。

方格規矩鏡《ほうかくきくきょう》　鏡の裏面中央部の鈕を正方形がかこみ、その周りにL形、T形、V形の模様が描かれる。青龍などの四神が入ることもある。

方形周溝墓《ほうけいしゅうこうぼ》　方形に浅い堀を巡らし、中に穴を掘って埋葬する。盛土はほとんどない。弥生時代末期から存在。古墳というのは古墳時代のものに限るという説がある。

倣《ほう》**製鏡**　中国製銅鏡の裏面の図柄などを模倣し、日本で作られた鏡。仿製鏡とも書く。

方墳　墳丘の平面形が方形である古墳。弥生時代の「方形周溝墓」は時代が違うので古墳に入れない。古墳時代初期から造られ、末期に最高レベルの被葬者向けにも造られた。

●ま行

埋葬施設　古い古墳では竪穴系で、上から穴を掘るもの。その後の横穴系は墳丘の横に出入り口がある。いずれも基本的には石室を造るが、木棺直葬、粘土槨などは、石室を造らないこともある。

勾玉《まがたま》　C字形またはコの字形の玉の端に孔を開けたもの。ネックレスなどにつけた。硬玉、めのう、水晶、ガラスなど。牙、胎児、魂、月などの形からきたという説がある。

武蔵国　古墳時代にはまだ、武蔵国はなかったが、その後、21郡をもって始まり、国府は府中。範囲は東京都・埼玉県と神奈川県の一部。

木炭槨　木棺の周囲に木炭をつめたもの。三角縁神獣鏡を出した川崎市の加瀬白山古墳や栃木県那賀川町駒形大塚古墳などに例がある。

盛土　古墳を造るのに盛り上げられた土で、基本的には周りに掘った周濠の土を使った。

横穴式石室　石室の一方が古墳の外部へ通じるようになっている石室。玄室と羨道が基本的部分で他に玄室が2または3のパートに分かれている大型も少ないが存在する。

●や行

横穴墓　丘陵などの斜面を利用して造った横穴式の墓。群集性が強い。

●ら行

ラグーン　潟。湾口などが砂州で塞がれてできた浅い水面。

乱石積みの持ち送り　大きさの違う自然石や加工した平たい石を組み合わせて積み上げ、それを少しずつ前に出して、カーブをつくる積み方。

緑泥片岩　塩基性の凝灰岩や火山岩が地中で高圧等の変成をうけてできた緑色で、はがれやすい岩石。秩父地方のものは秩父青石の名で有名。中世には板碑に使用。

●わ行

蕨手刀　柄頭が、蕨の芽のように曲がっている形の刀。古墳時代の後期から奈良・平安時代の初期に発達した。特に東北地方に多い。

古墳のカタチについて

円墳：古墳総数の90パーセントは、もっともシンプルなこのカタチ。最大は、これまでさきたま古墳群の丸墓山古墳（105メートル）だったが、最近の調査により、奈良市・富雄丸山古墳の109メートルがこれを超えた。

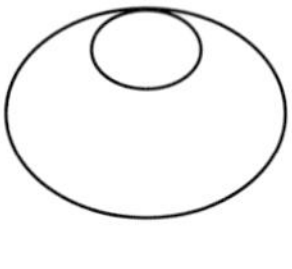

方墳：ピラミッドの形である。古墳時代初期に、前方後方墳にともなった場合や単独で造られたものと古墳時代末期に首長墳として造られたものがある。最大は奈良県橿原市の桝山古墳（径90メートル）、2位は千葉県栄町の龍角寺岩屋古墳（径78メートル）、いずれも末期のもの。

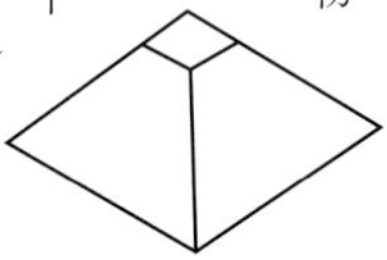

前方後円墳：後円部がメインで、埋葬する主体部がある部分。前方部は祭祀を行う部分。前期には後円部が高く、これを拝する前方部が低いが、後期になると前方部が高くなり、祭祀を行う部分ではなくなってきたかと思われる。では何のために造ったのか。朝鮮半島にも前方後円墳があるが、時期的には日本より遅れるものといわれる。

帆立貝形（式）古墳：前方後円墳の前方部が極端に短く低いもの。大型古墳の陪塚として造られるものと単独に造られるものがあるが、後者の場合は何らかの規制で前方後円墳が造れない被葬者のものではないかと思われる。円墳に方形の造り出しがついたものとかとの区別がむつかしい。最大は宮崎県の男狭穂塚古墳（176メートル）。

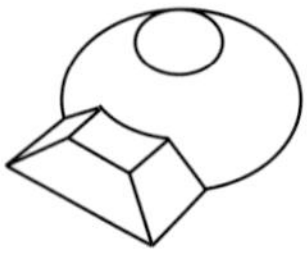

前方後方墳：後方（円）部と前方部との役割は前方後円墳と同一。古墳時代の初めには地域によっては最初に造られた古墳となることもある。一般的には、前方後方墳は東海から近江にかけて発生したのではないかともいわれる。邪馬台国と対立した狗奴国に関係した古墳であるという説もある。前方後方墳は何となく、東日本のもののような気もするが、ヤマトの真ん中にも前方後方墳があることはあるし、被葬者がこの形しか造らせてもらえなかったのか。この形を造ろうと選んだのか。大きなナゾの残るかたちなのである。全国で約500基。最大は奈良県天理市の西山古墳（180メートル）。

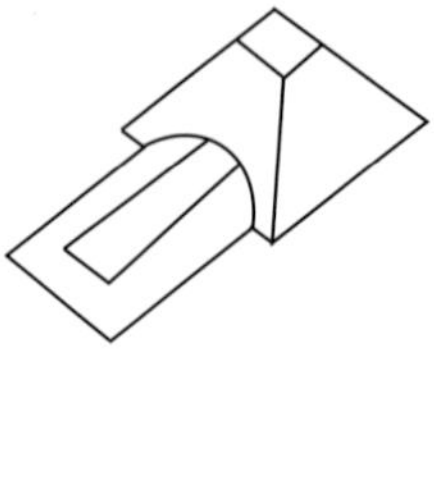

双方中円墳：山の辺の道にある櫛山古墳（奈良県天理市・

柳本古墳群）のほか、香川県の石清尾猫塚・鏡塚の例がある。二つの方墳に円墳が挟まれたカタチ。

双円墳：円墳が連続したカタチ。大阪府河南町の金山古墳。朝鮮半島の慶州に多く見られる。

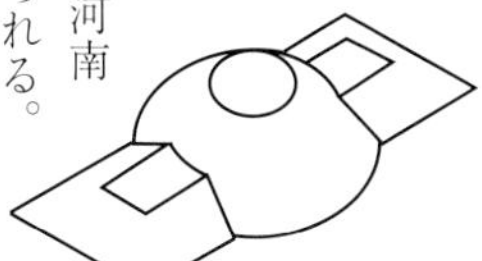

上円下方墳：方墳の上に円墳がのっているもの。以前は天皇陵だけに使われているとされていたのだが、必ずしもそうではなかったようだ。

石のカラト古墳（奈良市・京都府木津町）、清水柳北1号墳（沼津市）、府中熊野神社古墳（東京都府中市）、*天文台構内古墳（東京都三鷹市）、野路久保古墳（福島県白河市）、山王塚古墳（埼玉県川越市）、宮塚古墳（埼玉県熊谷市）の7基が上円下方墳である。天智天皇陵（京都市山科区）は、上にのっているのが八角形であり、また、舒明天皇陵も宮内庁では上円下方墳としているが、学界では上・変形八角形・下方墳ではないか＝としていて、厳密には上円下方墳には入れないようである。

地方の古墳では岐阜県富加町の井高1号墳が上円下方墳に名乗りを上げているようだ。

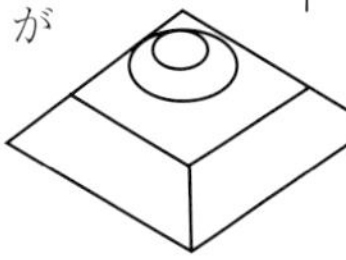

八角形墳：八角形墳も、近年は地方で結構見つかっている。埼玉県熊谷市には3基連続していた跡が、区画整理の際発掘されていた。現存は次の9基。中尾山古墳（奈良県明日香村）、牽牛子塚古墳（奈良県明日香村）、束明神古墳（奈良県高取町）、経塚古墳（山梨県笛吹市）、稲荷塚古墳（東京都多摩市）、三津屋古墳（群馬県吉岡町）、吉田古墳（茨城県水戸市）、中山荘園古墳（兵庫県宝塚市）、梶山古墳（鳥取県鳥取市）。

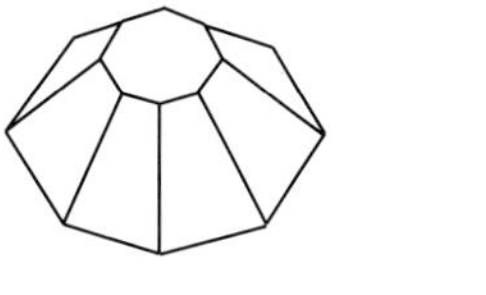

ほかに、八角形墳が方墳の上にのっている次の4基を八角形墳とすべきかどうか。天武・持統合葬陵（野口王墓古墳・奈良県明日香村）、天智天皇陵、舒明天皇陵、岩屋山古墳（奈良県明日香村）。

その他、八角形墳に決まりそうな古墳も次のようにある。桑原古墳群c―3号墳（大阪府茨木市）、尾市1号墳（広島県福山市）、神保一本杉古墳（群馬県高崎市）、伊勢塚古墳（群馬県藤岡市）。

横穴墓：墳丘をもたず、丘陵やローム層の斜面を利用して掘りこんで造られた墓。*群集墳とおなじ時期に造られた。古代人の住居址と考えられたこともあったが、発掘されるものが、古墳から出るものと同じであったので、「墓説」で決定。

参考図書

羽生市史　上巻　羽生市史編集委員会編　S46・3　羽生市刊

加須市史　通史編　加須市史編さん室編　S56・2　加須市刊

熊谷市史　通史編　熊谷市史編さん室編　S59・8　熊谷市刊

本庄市史　通史編Ⅰ　本庄市史編集室編　S61・3　本庄市刊

江南町史　史料編Ⅰ考古　江南町史編さん委員会編　H7・3　江南町刊

上里町史　通史編上　上里町史編集専門委員会　H8・3　上里町刊

美里町史　通史編　美里町史編集委員会編　S61・3　美里町刊

東松山市の歴史　上巻　市史編さん室編　S60・3　東松山市刊

滑川村史　通史編　滑川村役場企画財政課編　S59・10　滑川村刊

吉見町史　上巻　吉見町史編さん委員会編著　S53・12　木耳社刊

桶川市史　第1巻　通史編　H2・3　桶川市刊

朝霞市史　通史編　朝霞市教育委員会市史編さん室編　H1・3　朝霞市刊

北本市史　第1巻　北本市教育委員会市史編さん室編　H6・3　北本市教育委員会刊

川越市史　第1巻　原始古代編　川越市総務部市史編纂室編　S47・3　川越市刊

上尾市史　第1巻　資料編1　原始古代　上尾市教育委員会編　上尾市刊

鴻巣市史　資料編Ⅰ　考古　鴻巣市史編さん委員会編　H1・3　鴻巣市刊

大宮市史　第1巻　考古　S43・8　大宮市刊

浦和市史　通史編Ⅰ　浦和市総務部市史編さん室　S62・3　浦和市刊

坂戸市史　古代史料編　坂戸市教育委員会編　H4・3　坂戸市刊

昔むかしの物語　郷土の歴史を学ぼう（2）　毛呂山町教育委員会　毛呂山町歴史民俗資料館　H7年刊

新編埼玉県史　通史編1　原始・古代　埼玉県編・刊　S62・3

新編埼玉県史　資料編2　原始・古代　埼玉県編・刊　S57・2

古墳を歩く　東京新聞編集局編　H3・2　学生社刊

東京都の遺跡散歩　東京都教育庁生涯学習部文化課編　H5・3　東京都情報連絡室刊

大田区古墳ガイドブック　大田区郷土博物館編　H4・11　大田区土木部公園課刊

関東地方における非在地系土器出土の意義　高橋一夫著（草加市史研究　第4号　S60・8　草加市刊）

埼玉県古墳詳細分布調査報告書　県立さきたま資料館編・刊　S6・3

埼玉県古式古墳調査報告書　埼玉県県民部県史編さん室編・刊　S61・3

柏崎古墳群東松山市柏崎古墳群発掘調査報告　金井塚良一著　S43・11　考古学資料刊行会刊

古代の武蔵　森田　悌著　S43・5　吉川弘文館刊

討論・古代の群馬。埼玉　金井塚良一他著　S61・2　あさを社刊

武蔵の古社　菱沼　勇著　S47・3　有峰書店刊

古代東国の風景　原島礼二著　H5・3　吉川弘文館刊

武蔵国造の乱考古学で読む「日本書紀」　大田区立郷土博物館編　H7・11　東京美術刊

さきたま古墳群　埼玉新聞社編・刊　S61・3

日本の古代遺跡31　埼玉　金井塚良一編著　S61・10　保育社刊

参考文献

全国古墳編年集成　石野博信編　H7・11　雄山閣出版刊
古代東国の原像　金井塚良一対談集　H1・3　新人物往来社刊
東日本の古墳の出現
　甘粕　健・春日真実編　H4・10　山川出版社刊
東国の古墳　大塚初重編　H2・11　雄山閣出版刊
東国の古代豪族と仏教　高橋一夫著（古代を考える　東国と大和王権　原島礼二・金井塚良一編）H6・1　吉川弘文館刊
東国の古墳　前沢輝政著　S60・9　そしえて刊
歴史読本　臨時増刊　特集・古代天皇と巨大古墳の謎
　S61・2　新人物往来社刊
古墳辞典　大塚発重・小林三郎編　H8・9　東京堂出版刊
日本考古学用語辞典　斉藤　忠著　H2・5　学生社刊
地学教育辞典　藤本治義編　S32・6　朝倉書店刊
埼玉県の地名　平凡社地方資料センター編　H3・11　平凡社刊
埼玉の古墳〈児玉、比企・秩父、大里、北足立・入間、北埼玉・南埼玉・北葛飾〉塩野　博著　H16・9　さきたま出版会刊
鉄剣銘115文字の謎に迫る―埼玉古墳群
　高橋一夫著　H17・6　新泉社刊
権現山古墳群　市丸靖子執筆　H16・3　上福岡市教育委員会刊
東京の古墳を考える　H18・7　品川区立品川歴史館刊
埼玉の古墳比企・入間（企画展展示図録）
　H28・9　埼玉県立さきたま史跡の博物館刊
埼玉の古墳秩父・児玉・大里（企画展展示図録）
　H29・9　埼玉県立さきたま史跡の博物館刊
埼玉県重要遺跡緊急調査報告書Ⅰ
　S60・3　埼玉県教育委員会刊
埼玉県重要遺跡緊急調査報告書Ⅱ
　S61・3　埼玉県教育委員会刊
籠原裏古墳群10号墳　H12・3　熊谷市籠原裏遺跡調査会刊
くまがやの古墳　熊谷市周辺の古墳群　おおさと古墳文化の回廊
　H20・3　熊谷市教育委員会 江南文化財センター刊
熊谷市史研究第3号　座談会「荒川の流路と遺跡」
　H23・3　熊谷市教育委員会刊
埼玉古墳群の構成原理　関　義則著（埼玉県立史跡の博物館紀要第6号　H24　埼玉県立史跡の博物館刊）
シンポジウム「利根川、荒川流域の古代を考える」
　行田市郷土博物館開館15周年記念　H14・7
3D技術でせまる将軍塚古墳の謎
　（文化財講演会資料）H29・12　東松山市教育委員会刊
前方後円墳と吉備・大和　近藤義郎著　H13・12　吉備人出版刊
邪馬台国と古墳　石野博信著　H14・4　学生社刊
初期古墳と大和の考古学　石野博信編　H16・5　学生社刊
弥生興亡　女王・卑弥呼の登場
　石野博信著　H22・4　文英堂刊
「前方後方墳」出現社会の研究
　植田文雄著　H19・5　学生社刊
古代王権と武蔵国の考古学　増田逸朗著　H14・2　慶友社刊
古代王権誕生　初期王権研究委員会編　H15・1　角川書店刊
古代東国の考古学的研究　高橋一夫著　H15・9　六一書房刊
東京の古墳を歩く～ヴィジュアル版　大塚初重監修
　H22・10　祥伝社刊

あとがき

平成九（一九九七）年に『さいたま古墳めぐり』を出版させていただいてから、もう二十二年です。あの時は、有名銘柄である「埼玉古墳群」や「吉見百穴」の他にも、埼玉県にはたくさん楽しい古墳があることを、皆さんにご紹介したくて、やや、あわてふためきながら原稿を書きました。その古墳がどこにあるか…が主なテーマで、近くの食堂とかのご案内までさせていただきました。

今回、新しく作り直させていただくについて、古墳を回りなおしかけたところ、大きいショックを受けました。古墳は全体的には状態が悪くなったところはあまりなく安心したのですが、問題は「アシ」の大変化です。バス路線の廃止・変更や道路の新設・改変で、初めてでもない古墳に行き着くのが、大変。そして、一番困ったのはバス路線の廃止でした。バス路線が完全になくなれば、最寄駅からひたすら、「アシ」だけが頼り。古墳時代のヒトたちと同じように歩かせていただきました。そして、もう一つの変化は昔からの食堂がなくなったこと。どこにでもあるファミレスや、チェーン店を紹介させていただくわけにもゆかず誠に残念なことになりました。

お店の変化があった、もう一つは貸自転車がなくなったこと。駅前に自転車預かりはあるのですが、貸してもらえなくなりました。一方で、レンタサイクルは行政主導などでは増えているのでしょうが、個人経営のお店はほとんどなくなって、古墳時代人直伝の「アシ」の活用場面がふえました。

そういう悪条件もふえましたが、一方、嬉しいこともあります。それはやはり、百舌鳥・古市の世界遺産登録。それに、まりこふんちゃん始め若い女性陣に、考古学者になりたいジュニア陣まで、古墳ファンの年齢層が幅広くなったのは、嬉しいことです。

あと、また二十年たちますと、私も一〇〇歳。そのときにまた、埼玉古墳めぐりを書かせていただだけますように、元気でがんばりたいものです。
そのころには、この本でナゾと言っていたことが解決されて、さらに一段とむつかしいナゾが出現したりして、それはますます楽しく盛り上がることでしょう。

高校生時代、スクーターに乗せて郷里・近江の古墳や発掘現場へ連れて行き、古代への興味を抱かせてくださった近江八幡市立郷土資料館の元館長・江南洋さん。埼玉県に住んでから、県内の古代についての魅力的なお教えをいただいている埼玉県歴史と民俗の博物館の元館長・高橋一夫さん。また、お会いすれば、古墳の話に花を咲かせ、古墳の楽しみ方、人生の楽しみ方についてお教えをいただく福永信彦さん、寺田幸一郎さん。刊行にあたり、皆様のこれまでのご指導に感謝を申し上げる次第です。

前の出版のあとも相変わらず、元旦のたびに古墳めぐりに出かける際には焼餅6個とおせちの重箱を作って送り出してくれる妻と、他人のお墓をめぐって何になる…優しさ・冷徹半々の目で見送る長女・長男とその伴侶、あなた方の支援で、この本が完成したことに感謝をささげたいと思います。
今回の、この本の出版ができましたのは、さきたま出版会の星野和央会長と編集ご担当の菅原昌子さんのおかげであり、深く深くお礼を申し上げるものです。

宮川　進

令和元年（二〇一九）十月

《著者略歴》

宮川　進（みやがわ　すすむ）

滋賀県近江八幡市出身。

大阪市立大学法学部卒。

安田信託銀行（現・みずほ信託銀行）、埼玉りそな銀行に勤務。

NPO法人越谷市郷土研究会会長、常任顧問を経て現在一会員。

小学校時代の修学旅行の栞で古墳にいろいろなカタチがあることなどから興味をいだき、古墳大好きになって現在に至る。

現住所：〒343-0041 越谷市千間台西2-17-16

埼玉《さいたま》の古墳《こふん》めぐり　謎《なぞ》とロマンの70基《き》

二〇一九（令和元）年十一月二十五日　初版第一刷発行

著　者　宮川　進

発行所　株式会社　さきたま出版会
〒336－0022
さいたま市南区白幡3－6－10
電話048－711－8041
振替00150－9－40787

印刷・製本　関東図書株式会社

カバー・表紙デザイン／田端克雄（フィールド・サイド）
本文編集・レイアウト／菅原昌子

 ISBN978-4-87891-468-3　C1026